DAXUECHENG JIANSHE
DUI CHENGSHI JIUYE DE
YINGXIANG YANJIU

大学城建设对城市就业的影响研究——理论分析与政策评估

初帅 ◎ 著

首都经济贸易大学出版社
Capital University of Economics and Business Press
·北京·

图书在版编目（CIP）数据

大学城建设对城市就业的影响研究：理论分析与政策评估 / 初帅著. -- 北京：首都经济贸易大学出版社，2024.4

ISBN 978-7-5638-3667-3

Ⅰ. ①大… Ⅱ. ①初… Ⅲ. ①高等学校-校园-建设-影响-劳动就业-研究-中国 Ⅳ. ①G647②D669.2

中国国家版本馆 CIP 数据核字（2024）第 065369 号

大学城建设对城市就业的影响研究——理论分析与政策评估
初　帅　著

责任编辑	彭伽佳
封面设计	砚祥志远·激光照排　TEL：010-65976003
出版发行	首都经济贸易大学出版社
地　　址	北京市朝阳区红庙（邮编 100026）
电　　话	（010）65976483　65065761　65071505（传真）
网　　址	http：//www.sjmcb.com
E-mail	publish@cueb.edu.cn
经　　销	全国新华书店
照　　排	北京砚祥志远激光照排技术有限公司
印　　刷	人民日报印务有限责任公司
成品尺寸	170 毫米×240 毫米　1/16
字　　数	176 千字
印　　张	10.75
版　　次	2024 年 4 月第 1 版　2024 年 4 月第 1 次印刷
书　　号	ISBN 978-7-5638-3667-3
定　　价	55.00 元

图书印装若有质量问题，本社负责调换
版权所有　侵权必究

前　言

自1978年改革开放以来，中国经济插上了腾飞的翅膀，取得了举世瞩目的成就。当21世纪迎来第一缕晨光时，中国以一个全新的面貌出现在了世界舞台上，而这还只是中国经济腾飞的开始。在2001年中国加入世界贸易组织后，中国经济以国内生产总值（GDP）平均9.5%的年增速保持了近10年，创造了令世界叹为观止的"中国奇迹"。

21世纪初期，面对经济和就业问题，并且考虑到我国整体人力资本积累水平偏低，教育部出台了《面向21世纪教育振兴行动计划》，自此开始了高校扩招之路。从文件出台到2010年，高等教育毛入学率将达到适龄青年的15%。而到了2013年，全国各类高等教育在学总规模达到3 460万人，高等教育毛入学率达到34.5%。

高校扩招为中国的人力资本积累带来了巨大的帮助，然而，与招生规模扩张带来的潜在需求激增相矛盾的是，许多高校尤其是省属高校面临着生均教学仪器设备值不达标、生均教学行政用房面积不足以及师生住宿空间不足等现实问题，这些问题的存在限制了扩招政策的潜力。与主要靠政府的等、靠、要不同，一些地区的主政官员、高校领导以及企业家开始逐步探索其他方式办教育，部分地区意识到土地置换等手段也许是一条新的教育投资思路，例如，通过将已有在旧城区的大学转移到土地价格相对便宜的市郊地区重新建立新校区，从而加快、加大高等教育扩张的步伐。于是，为了容纳招生规模扩张的潜在需求，引进高等人才，地方政府在中央政府的支持下，由政府主导，高校与企业共同参与建造了将大学、研究所或职业技术学院等高等教育机构聚集在一起的区域，形成了由政府主导形成的高等教育集中区——大学城。

最早的大学城可以追溯到工业革命时期的欧洲城市，如牛津、剑桥、鲁汶、根特、海德堡等大学城。这些大学城的发展不仅使其所在城市成为高等教育的中心，更是成为本国或本地区的政治、经济、文化中心。欧洲大学城是在学者和学生长期聚集的地方有机形成的，与此相对，1900前后美国出现了一种新型的大学城，即在远离大城市中心外围地区发展出来的大学城，如硅谷大学城。与欧洲大学城不同，美国大学城往往是高校在城市尚未有重大发展之前就建立的，且伴随着高校发展逐渐带动地方发展。美国大学城的发展印证了现代式教育是经济社会崛起的关键这一观念，被许多国家效仿。

可以发现，与大多数大学城的建设相比，中国大学城体现出了高度的目的性与计划性。一方面，中国的大学城往往由地方政府通过行政区划，采用强制措施将地区高校在空间层面进行聚合；另一方面，由于教育资源以及经济发展的区域差异，各地大学城形态迥异。但不管大学城建设的类型如何，如果没有大学城的建设，中国高校扩招政策在空间上会受到极大的制约，扩招的幅度也会大大缩小。所以，大学城的建设切实为所在城市带来了大量接受高等教育的劳动力，尽管这些劳动力只是潜在意义上的。

与大幅度的扩招相对应，城市与区域就业规模不足、结构失衡，以及大学生就业难等问题也开始凸显。我们应该如何看待近20年大学城建设的功与过？实际上，福建省以及浙江省的大学城都是习近平总书记在当地主政期间亲自参与建设的，并且大学城的建设为当地的经济发展和人力资本集聚起到了功不可没的作用。2021年3月6日，习近平总书记在参加政协医药卫生界、教育界委员联组会上指出："前些年我在福建、浙江工作时，也经历过高等教育改革。一些地方建大学城、搞合并，都是方面军规模……这样的方向对不对？值得讨论。"

为了对过去20余年中国大学城建设的绩效进行评价，本书从劳动力市场的角度，通过构建理论，明确大学城如何通过发挥"集聚-溢出"作用来带动所在城市劳动力市场的发展。进一步的，通过利用《中国城市统计年鉴》《中国区域经济统计年鉴》等宏观数据和作者手动收集的独有数据，在严谨的计量分析框架下，为大学城建设产生的作用提供了经验证据。

目 录

第1章 引言 ··· 1
  1.1 研究问题的提出 ·· 1
  1.2 研究目标、内容与意义 ·· 2
    1.2.1 研究目标 ··· 2
    1.2.2 研究内容 ··· 3
    1.2.3 研究意义 ··· 4
    1.2.4 概念界定 ··· 6
  1.3 研究方法、技术路线与数据来源 ·· 7
    1.3.1 研究方法 ··· 7
    1.3.2 技术路线 ··· 8
    1.3.3 数据来源 ··· 9
  1.4 可能的创新 ·· 10
  1.5 章节安排 ·· 11

第2章 文献综述 ··· 13
  2.1 以发展大学为代表的区位导向性政策 ·································· 13
    2.1.1 区位导向性政策理论 ·· 13
    2.1.2 区位导向性政策对劳动力市场的影响 ··························· 14
  2.2 大学对城市、区域发展的影响 ·· 16
    2.2.1 大学与城市、区域发展理论 ···································· 16
    2.2.2 大学等高等教育机构集聚对城市、区域发展的影响 ········· 18
  2.3 文献研究小结 ··· 19

第3章 制度背景：高校扩招与大学城建设 ·············· 21

第4章 理论模型 ·· 25
4.1 大学城建设对区域就业规模影响的理论分析 ········ 25
4.1.1 集聚经济的来源 ·· 26
4.1.2 "集聚-溢出"效应模型 ···································· 26
4.2 大学城建设对区域就业结构影响的理论分析 ········ 31
4.2.1 生产部门与生产者决策 ···································· 31
4.2.2 居民部门与消费者决策 ···································· 32
4.2.3 市场均衡下的收入与劳动要素配置的部门份额 ···· 33
4.3 理论分析总结与待检验的事实 ······························ 34

第5章 大学城建设对人口集聚的影响 ·························· 37
5.1 变量界定与描述性统计 ·· 37
5.2 实证策略 ··· 38
5.3 实证结果与稳健性检验 ·· 39
5.3.1 实证结果 ·· 39
5.3.2 稳健性检验 ·· 40
5.4 机制分析 ··· 41
5.5 异质性分析 ··· 43
5.5.1 城市维度异质性分析 ······································· 43
5.5.2 大学城维度异质性分析 ···································· 44
5.6 本章小结 ··· 46

第6章 大学城建设对技术创新的影响 ·························· 47
6.1 变量界定与描述性统计 ·· 47
6.1.1 变量界定 ·· 47
6.1.2 描述性统计 ·· 50
6.2 实证策略 ··· 51

- 6.3 实证结果与稳健性检验 …… 52
  - 6.3.1 实证结果 …… 52
  - 6.3.2 稳健性检验 …… 53
- 6.4 机制分析 …… 57
- 6.5 异质性分析 …… 62
  - 6.5.1 城市维度异质性 …… 62
  - 6.5.2 大学城特征维度异质性 …… 66
- 6.6 本章小结 …… 68

第7章 大学城建设对就业规模的影响 …… 69
- 7.1 变量界定与描述性统计 …… 69
  - 7.1.1 变量界定 …… 69
  - 7.1.2 描述性统计 …… 70
- 7.2 实证策略 …… 72
- 7.3 实证结果与稳健性检验 …… 73
  - 7.3.1 实证结果 …… 73
  - 7.3.2 稳健性检验 …… 74
- 7.4 作用机制分析 …… 80
- 7.5 异质性分析 …… 84
  - 7.5.1 城市维度异质性 …… 84
  - 7.5.2 大学城特征维度异质性 …… 86
- 7.6 进一步讨论 …… 90
- 7.7 本章小结 …… 93

第8章 大学城建设对就业结构的影响 …… 94
- 8.1 变量界定与描述性统计 …… 94
  - 8.1.1 变量界定 …… 94
  - 8.1.2 描述性统计 …… 95
- 8.2 实证策略 …… 95

8.3 实证结果与稳健性检验 ·········· 96
　8.3.1 实证结果 ·········· 96
　8.3.2 稳健性检验 ·········· 98
8.4 作用机制分析 ·········· 101
8.5 异质性分析 ·········· 103
　8.5.1 城市维度异质性 ·········· 103
　8.5.2 大学城特征维度异质性 ·········· 105
8.6 本章小结 ·········· 108

第9章　研究结论与启示 ·········· 109
9.1 研究结论 ·········· 109
9.2 研究启示 ·········· 110
9.3 研究局限与展望 ·········· 112

附录A　大学城建设与区域经济发展相关文件或报道 ·········· 114

附录B　大学城建设对人口密度影响完整回归结果 ·········· 117

附录C　大学城建设对技术创新影响完整回归结果 ·········· 121

附录D　大学城建设对就业规模影响完整回归结果 ·········· 130

附录E　大学城建设对就业结构影响完整回归结果 ·········· 139

参考文献 ·········· 144

图目录

图 1-1　技术路线 ·· 8
图 3-1　不同年份大学城建设数量变化 ······························ 23
图 4-1　理论框架 ·· 35
图 5-1　大学城建设对人口密度影响平行趋势检验 ···················· 41
图 6-1　大学城建设对技术创新影响平行趋势检验 ···················· 54
图 6-2　影响机制 ·· 59
图 7-1　大学城建设对就业规模影响平行趋势检验 ···················· 75
图 7-2　大学城建设影响 1% 显著行业 ······························ 81
图 7-3　大学城建设影响 5% 显著行业 ······························ 81
图 7-4　大学城建设影响 10% 显著行业 ····························· 82
图 7-5　大学城建设影响不显著行业 ································ 82
图 7-6　大学城建设对微观个体就业的影响 ·························· 92
图 8-1　大学城建设对服务业占比影响的平行趋势检验 ················ 98
图 8-2　大学城建设对服务业内部占比影响的平行趋势检验 ·········· 99

表目录

表 5-1　描述性统计 …………………………………………………… 38
表 5-2　大学城建设对人口密度影响的基准结果 …………………… 40
表 5-3　大学城建设对人口密度影响的机制分析 …………………… 42
表 5-4　大学城建设对人口密度影响城市维度异质性 ……………… 44
表 5-5　大学城建设对人口密度影响大学城维度异质性 …………… 45
表 6-1　描述性统计 …………………………………………………… 50
表 6-2　大学城对技术创新影响基准回归结果 ……………………… 52
表 6-3　大学城对技术创新影响改变回归样本稳健性检验 ………… 55
表 6-4　大学城对技术创新影响其他稳健性检验 …………………… 57
表 6-5　大学城建设对技术创新影响机制分析 ……………………… 61
表 6-6　大学城建设对技术创新影响城市特征异质性分析 ………… 64
表 6-7　大学城建设对技术创新影响分位数回归 …………………… 66
表 6-8　大学城建设对技术创新影响大学城特征异质性分析 ……… 67
表 7-1　描述性统计 …………………………………………………… 71
表 7-2　大学城建设对就业规模影响基准回归结果 ………………… 73
表 7-3　大学城建设对就业规模影响改变回归样本稳健性检验 …… 77
表 7-4　大学城建设对就业规模影响控制省-年固定效应
　　　　稳健性检验 …………………………………………………… 78
表 7-5　大学城建设对就业规模影响更换被解释变量稳健性检验 … 80
表 7-6　大学城建设对就业规模影响城市等级异质性分析 ………… 84
表 7-7　大学城建设对就业规模影响城市区位异质性分析 ………… 86
表 7-8　大学城内是否包含精英大学对就业规模影响异质性分析 … 87
表 7-9　大学城内是否包含理工科院校对就业规模影响
　　　　异质性分析 …………………………………………………… 88

表 7-10　大学城是否以 4 年制普通大学为主对就业规模影响
　　　　　异质性分析 ··· 89
表 8-1　描述性统计 ··· 95
表 8-2　大学城建设对就业结构影响基准回归结果 ················· 97
表 8-3　大学城建设对就业结构影响的稳健性检验 ················· 100
表 8-4　大学城建设对城市就业结构影响的机制分析 ·············· 102
表 8-5　大学城建设对城市就业结构影响城市特征异质性分析 ······ 103
表 8-6　大学城建设对城市就业结构影响大学城特征
　　　　异质性分析 ··· 106
表 B-1　大学城建设对人口密度影响完整基准结果 ················· 117
表 B-2　大学城建设对人口密度影响稳健性检验与机制分析
　　　　完整结果 ·· 118
表 B-3　大学城建设对人口密度影响城市维度异质性分析
　　　　完整结果 ·· 119
表 B-4　大学城建设对人口密度影响大学城维度异质性分析
　　　　完整结果 ·· 120
表 C-1　大学城建设对技术创新影响完整基准结果 ················· 121
表 C-2　大学城建设对技术创新影响改变回归样本稳健性
　　　　检验完整结果 ··· 122
表 C-3　大学城建设对技术创新影响其他稳健性检验完整结果 ······ 123
表 C-4　大学城建设对技术创新影响机制分析 ······················ 124
表 C-5　大学城建设对技术创新影响城市特征异质性分析
　　　　完整结果 ·· 127
表 C-6　大学城对技术创新影响分位数回归完整结果 ·············· 128
表 C-7　大学城对技术创新影响大学城特征异质性分析
　　　　完整结果 ·· 129
表 D-1　大学城建设对就业规模影响完整基准结果 ················· 130
表 D-2　大学城建设对就业规模影响改变回归样本稳健性检验
　　　　完整结果 ·· 131

表 D-3	大学城建设对就业规模影响控制省-年固定效应稳健性检验完整结果	132
表 D-4	大学城建设对就业规模影响更换被解释变量稳健性检验完整结果	133
表 D-5	大学城建设对就业规模影响城市等级异质性分析完整结果	134
表 D-6	大学城对就业规模影响城市区位异质性分析完整结果	135
表 D-7	大学城内是否包含精英大学对就业规模影响异质性分析完整结果	136
表 D-8	大学城内是否包含理工科院校对就业规模影响异质性分析完整结果	137
表 D-9	大学城是否以4年制普通大学为主对就业规模影响异质性分析完整结果	138
表 E-1	大学城建设对就业结构影响完整基准结果	139
表 E-2	大学城建设对就业结构影响稳健性检验完整结果	140
表 E-3	大学城建设对城市就业结构影响机制分析完整结果	141
表 E-4	大学城建设对城市就业结构影响城市特征异质性分析完整结果	142
表 E-5	大学城建设对城市就业结构影响大学城特征异质性分析完整结果	143

第1章 引 言

1.1 研究问题的提出

就业作为民生之本，与人民群众切身利益直接相关，是国家能否稳步发展以及社会环境是否和谐的关键议题。考虑到就业的重要性，2018年7月的中共中央政治局会议首次提出实施"六稳"方针，并明确将"稳就业"作为"六稳"工作之首①。之后，在2020年4月的中共中央政治局会议上提出，除了继续加大"六稳"工作力度，还要增加"六保"工作，并同样将"保居民就业"作为"六保"工作之首②。然而，近年来伴随着全球经济下行、中美贸易摩擦升级以及新冠疫情等各类不确定性事件频发，中国城市的就业问题愈发严峻。以往城市就业问题主要集中在总量不足以及结构失衡两个方面，近年来，不同地区城市间劳动力供给的两极分化态势开始引起学界的关注：以"北上广深"为代表的超大、特大城市吸引了大量的劳动力，供给相对过剩，城市就业负担较重。而与之形成鲜明对比的是，二线城市的劳动力供给相对不足（黄群慧等，2019）③。

劳动力供给在不同地区城市间的两极分化在一定程度上抑制了区域就业承载力的提升，也阻碍了就业机会由东部城市向中西部和东北地区扩散。为了促进就业，提升经济绩效，地方政府开始有意识地推行各项政策，例如，设立经济开发区、建立工业园、设立产业园等。这些针对

---

① "六稳"依次为：稳就业、稳金融、稳外贸、稳外资、稳投资、稳预期。
② "六保"依次为：保居民就业、保基本民生、保市场主体、保粮食能源安全、保产业链供应链稳定、保基层运转。
③ 例如，中国人民大学中国就业研究所发布的《中国就业市场景气报告》显示，2021年第二季度，用工需求在二线城市的增长幅度普遍高于一线城市。这一结果印证了与一线城市相比，二线城市的人才需求量更大的事实。

特定地区所施行的政策被统一称为"区位导向性政策（place-based policies）"。

高校作为先进科学和技术的主要来源，对高技能劳动力、高水平人力资本的培养与吸引具有重要的作用（Belenzon & Schankerman, 2013）。有鉴于此，大多数地方政府或者政策制定者都希望在区域内施行发展高等教育类型的区位导向性政策。在这一背景下，大学城建设成为独具中国特色的区位导向性政策。与西方国家或者发达经济体通过补贴、引导等方式吸引大学在区域内入驻和发展不同，中国的大学城建设具有高度计划性与目的性（潘懋元等，2002）。公开数据显示，从1999年第一座大学城——位于河北省廊坊市的"东方大学城"开始，经过20余年的发展，中国目前已经建成并投入使用的大学城有近70座。

大学城已经成为促进城市经济增长的重要引擎，为区域人力资本集聚以及经济发展提供了重要的支撑（Wang & Tang, 2020）。就业作为衡量国家宏观经济运行状况的重要指标，对于区域或城市内居民的总体福祉，以及区域或城市能否稳定、持续的发展具有重要意义。大学城作为独具中国特色的区位导向性政策的代表，其实施背景、现状以及发展趋势是怎样的？从劳动力市场角度来看，建设大学城对其所在城市的就业规模、就业结构有何影响？同时，不同类型的大学城是否存在异质性？上述影响是通过什么机制产生的？对上述问题的回答可以更好地了解以大学城建设为代表的区位导向性政策会对城市就业产生何种影响，从而为区域经济政策制定，以及高等教育发展模式革新提供参考。

1.2 研究目标、内容与意义

1.2.1 研究目标

本研究以中国大学城建设作为区位导向性政策的代表，在集聚经济以及结构转型等理论的基础上，从城市就业角度出发，尝试分析大学城建设对城市人口集聚、技术创新、就业规模以及就业结构的影响及作用机制。

1.2.2 研究内容

大学城建设是一种典型的区位导向性政策，这意味着政策的实施与影响效果会紧密地与大学城所在城市联系在一起。那么，随之而来的问题是，大学城建设是否促进了当地发展？本研究将从劳动力市场的角度分析大学城建设对地方发展的影响。同时，对产生影响的前提条件也进行了考察。

本书的研究内容主要包括：

（1）构建大学城建设对城市就业规模和就业结构影响的理论分析框架。对就业规模而言，首先提出大学城建设能够促进其所在城市的人口集聚，并促进城市技术创新水平的提升，从而具备产生集聚经济的假设条件。其次，基于集聚经济的存在构建"集聚-溢出"的框架，说明了大学城建设如何促进城市整体就业规模的增加。对就业结构而言，从收入效应的角度出发，考察了大学城建设如何推动城市就业结构从制造业转向服务业。

（2）实证检验大学城建设能够促进其所在城市人口集聚，并促进城市技术与创新水平提升的假设。首先，以人口密度作为城市人口集聚的代理变量，将未建设大学城城市以及建设大学城城市但未建设大学城的时期作为控制组，以完成大学城建设的城市和时期作为处理组，利用多期双重差分法考察大学城建设的影响。其次，以城市专利申请与专利授权数量作为衡量城市技术与创新水平的代理变量，同样采用多期双重差分法考察大学城建设产生的影响。通过上述研究，可以为理论模型的前提假设提供实证依据，从而保证理论模型的合理性。

（3）实证检验大学城建设对城市就业规模的影响。首先，按照现有统计数据将城市内19个细分行业就业人数的数据进行加总，并在此基础上进一步将总人数划分为服务业就业人员与制造业就业人员，考察大学城建设对城市就业规模的影响。其次，将19个细分行业按照是否与大学城建设直接相关进行划分，考察大学城建设是否通过影响与其建设直接相关行业就业规模的增加，进一步溢出到其他行业中来，促进城市整体就业规模的增加。

（4）实证检验大学城建设对城市就业结构的影响。以服务业就业人员数量占总体就业人员数量的份额作为衡量城市就业结构的代理变量,并在此基础上考察大学城建设对城市就业结构以及服务业内部结构的影响。在此基础上,对大学城建设是否通过收入效应来促进就业结构转变进行影响机制验证。

(5) 基于理论分析与经验研究的结果,为更好发挥大学城建设对城市就业的作用提出相应的政策建议。

1.2.3 研究意义

1.2.3.1 理论意义

(1) 完善中国区位导向性政策的理论分析体系。

区位导向性政策的效果与影响机制正逐渐成为国际学术界关注的焦点,同时,区位导向性政策对边缘城市发展的影响也是现代城市经济学的前沿课题(孙伟增,2016;Sum,2018)。然而,目前大多数相关研究与成果都是基于西方发达国家产生的,对发展中国家而言,区位导向性政策是否有效以及有效的范围与机制,目前并不清楚。中国作为最大的发展中国家,其特有的财政制度使得中国经济发展的各项措施在很大程度上是以地方政府为主导进行的(Qian & Roland, 1998;Jin et al., 2005;Xu, 2011)。尽管目前有些文献在中国背景下考察了区位导向性产业政策,例如经济开发区、产业园以及经济特区等产生的经济影响(Wang, 2013;Zheng et al., 2017;Lu et al., 2019),但是对以发展高等教育为类型的区位导向性政策缺乏关注。与国外通过自然演变形成的大学城不同,中国大学城的建设具有高度的计划性与目的性,使得中国的大学城与其他国家有很大的差异,这导致建设与发展大学城作为区位导向性政策的一种典型方式,在中国具有特殊的实践(潘懋元等,2002)。本书在相关理论的基础上,以大学城建设为例,将城市就业规模与就业结构作为切入点,分析了大学城的建设如何影响城市劳动力市场发展,力图为完善中国区位导向性政策研究体系做出贡献。

(2) 丰富学界对高等教育发展模式革新的相关讨论。

大学城的建设主要由政府"牵头"提供政策指导,高校是受政策影响的主体与对象,企业则作为市场主体被加入。可以说,大学城的建设是"产学官"通力合作的产物。与西方"自下而上"(bottom-up)自发形成的大学城或者研究机构集聚区不同,中国大学城的建设具有高度的计划性,是一种典型的"从上至下"(top-down)的发展模式。从这一角度来看，过去 20 余年大学城的建设为高等教育发展模式革新提供了独特的中国案例。从大学城建设的背景出发，政府、企业以及高校自身在高等教育发展过程中应该分别发挥怎样的作用？高等教育发展模式到底应该遵循"自下而上"的自然发展模式，还是需要政府干预的"从上至下"发展模式，高等教育发展未来是继续扩大规模还是精英化，以及如何看待大学与地方发展的关系？大学城的实践为我们对上述问题的考察提供了一个思考的方向。因此，对大学城建设的经济结果进行考察，有助于为未来高等教育发展模式的变革，以及如何让高等教育成为地方经济发展的引擎提供有益的思考。

1.2.3.2 实践意义

（1）为以大学城为代表的区位导向性政策优化设计提供实证依据。

以大学城为典型代表的区位导向性政策的设计及成效，表现出鲜明的"中国模式"城市发展特点。在实践中，大学城建设至今仍在如火如荼地进行，但是相关理论研究仍显不足。虽然国外一些大学城或者大学集聚区，如硅谷等，为中国的大学城建设提供了一些经验，但是由于中外城市之间在政治经济体制、社会文化、城市化进程以及自身发展条件等方面存在较大差异，因此中国的大学城建设无法完全照搬西方的发展模式，很大程度上需要"摸石头过河"。事实上，大学城的建设并不都是成功的，例如，中国第一座大学城——廊坊东方大学城——在建设初期吸引了北京航空航天大学、中国地质大学、中国社会科学院研究生院等近 60 所院校的入驻，高峰时期学生规模超 40 万名，占地规模达 300 万平方米，可谓风光无限。然而，毕业生的流失、管理的缺位以及资金链的断裂最终导致大学城内高校纷纷搬迁，甚至一度出现大学城变"鬼城"的现象。因此，深刻把握地方经济发展特征，明确不同类型大学城对不同城市的影响，对于科学地制定大学城建设与发展路径具有重要的意义。

（2）为扩大区域就业承载力、推动就业结构转型提供有益参考。

就业是关乎民生的最重要的话题，是大众福祉的直接体现，良好的就业环境是国家能够持续、稳定发展的前提。"十四五"规划明确提出要实施"就业优先"战略，以实现"扩大就业容量，提升就业质量，缓解结构性就业矛盾"的目标。然而，中国就业市场存在巨大的地理差异，劳动力供给在各地区呈现明显的两极分化态势。《"十四五"就业促进规划》也明确提出，要提高区域就业承载力，推动就业机会向中西部和东北地区扩散。教育是影响人口就业能力与劳动力流动的重要因素，通过发展地方教育，尤其是高等教育，对扩大区域就业承载力、推动就业结构转型、促进区域间就业协调发展具有重要的意义。大学城建设作为地方发展高等教育的一项重要手段，理应受到关注与重视。本书对大学城建设如何影响城市就业的研究，可以为地方政府与中央政府在制定如何通过发展高等教育类型的区位导向性政策促进地方发展问题上提供定量支持。

1.2.4 概念界定

大学城是本书的核心解释变量，因此有必要厘清大学城的概念。目前，对大学城较为权威的定义来自《教育大辞典》："大学城是指围绕大学建立的社区，人口一般在5万~10万。为大学生提供良好的学习环境和便利的食宿、交通等条件。如意大利的波洛尼亚、英国的剑桥与牛津、日本的筑波等"（顾明远，1991）。由于各地对大学城的称呼略有差异，本书将名称包含"大学城""大学园（区）"以及"高教园区"的地区都定义为广泛意义上的大学城。一些文献将大学科技园、产业园等园区也定义为大学城，但实际上这些园区内往往没有大学实体的入驻。本书仅将政府明确规划并有实体院校入驻的区域定义为大学城。以此为标准，作者根据各级地方政府相关文件及报道对大学城建设信息进行手工收集与整理，构建了中国大学城建设数据集。该数据集中包含了各城市大学城的名称、数量、正式投入使用的年份，以及大学城中入驻高校等信息。

从内部结构来看，中国的大学城可以分为以下几类：第一，是否包含精英院校。精英院校一般是指入选了国家"211工程"、"985工程"以及"双一流建设"的院校，这些院校有较强的科研实力，而且一般历史较为悠久。在高校扩招政策实施的过程中，这些院校几乎没有受到太大的影响，所以这些院校入驻大学城的比例较少。因此，按照是否包含精英院校可以对大学城类型进行划分。第二，是否包含理工类院校。早期高校扩招政策在实施的过程中，主要是针对文史法哲以及艺术类院校或专业进行了较大幅度的扩招，这就导致理工类院校或者以理工类专业见长的学校或院系早期并没有过多地加入扩招的阵营。而大学城的建设提供的大量空间以及新建的实验室等为理工类院校提供了发展的契机。因此，按照是否包含理工类院校可以对大学城类型进行划分。第三，是否以 4 年制普通大学为主。中国的高等教育体系具有"分流"的特征，从学制来看，高校被分为 4 年制普通大学与 3 年制职专院校。教育资源的差异导致一些城市大学城的建设是以 4 年制普通大学为主，而另一些城市的大学城则以 3 年制职专院校为主。以大学城中 4 年制普通大学数量是否占总体院校数量的一半以上，可以将大学城按照是否以 4 年制普通大学为主进行类型划分。

1.3 研究方法、技术路线与数据来源

1.3.1 研究方法

本书从宏观视角出发，重点讨论了以大学城建设为代表的区位导向性政策对城市就业的影响。在研究中主要运用了文献研究的方法，回顾和梳理了国内以及海外与本研究相关的文献，并据此提出了本文可能的创新之处；运用统计分析法考察了大学城建设对城市人口集聚、技术创新、就业规模以及就业结构的影响，进行了系统刻画和描述；通过构建理论模型，分析了大学城建设如何通过"集聚–溢出"效应以及收入效应对城市就业产生影响；运用计量分析法，实证检验了大学城建设对其所在城市人口集聚、技术创新、就业规模以及就业结构的影响。具体方法介绍如下：

第一，文献研究。通过阅读和搜集国内外相关文献、数据资料和调查报告，系统整理了大学城建设对城市就业影响及作用机制等内容相关的文献脉络、核心观点与研究不足之处，并通过文献研究提出了本文可能的创新之处。

第二，理论分析。通过构建包含溢出效应的集聚经济模型，以及两部门、分产品与异质性劳动力的模型，对大学城建设如何影响城市就业进行了理论分析，并在此基础上构建了本文的理论分析框架。

第三，统计分析。通过描述性统计等方法，系统刻画了大学城建设对城市人口集聚、城市技术创新、城市就业规模以及城市就业结构的影响，直观呈现了大学城建设对城市就业可能存在的影响。

第四，实证分析。本书将大学城建设作为核心自变量，选择城市人口集聚、城市技术创新、城市就业规模以及城市就业结构作为核心因变

1.4 可能的创新

第一，研究视角的创新。目前城市就业问题的研究仍集中在考察经济开发区、产业园以及企业区等区位导向性产业政策的作用，而随着商业的全球化和发达经济体从传统制造业向知识密集型生产和服务的转型，以发展大学为代表的区位导向性政策正在逐渐被政策制定者所关注，但缺乏与之相关的研究。从我国的现实背景出发，对大学城建设经济效果的关注与研究，可以为不同类型区位导向性政策以及高等教育发展对区域发展影响的研究提供新视角。同时，已有针对中国背景下区位导向性政策的研究大多只关注经济增长、土地价格、房屋价格等经济效益，本书从城市就业这一角度出发，拓展了区位导向性政策相关研究主题。

第二，研究内容的创新。一方面，从城市就业与劳动力市场发展的研究来看，已有研究从城市的基础设施建设、交通与通勤成本以及房价等因素对城市劳动力市场的影响进行了考察，但已有研究大多是基于微观调查数据或者企业层面数据进行的，从城市整体层面进行的研究较为少见。城市是就业的空间载体，因此考察政策影响时有必要对城市整体的情况变化进行考察。另一方面，尽管也有少量文献关注大学城建设产生的经济影响，但在研究内容上很少关注大学城建设对其所在城市劳动力市场的影响。本书将研究的重点放在大学城建设对城市就业的影响上，能够更加客观、全面地对过去20余年的大学城建设效果进行评估。

第三，数据方法的创新。已有对大学城建设效果的研究大多基于案例分析，使得研究结论无法外推，无法保证研究结论具有一般性。本书通过作者手动采集数据，对中国已建成的大学城数据进行了全面搜集与整理，构建了独有的分析数据集。对整体数据进行的研究能够较为全面、客观地对大学城建设效果进行评估，并可以充分讨论其中的异质性问题。同时，本书还通过构建理论模型，从理论上说明了大学城建设如何对城市就业产生影响。更重要的是，通过应用多期双重差分法以及一系列严格的稳健性检验，本书为评估大学城建设的经济效果提供了较为精准以及更具一般性的结论。

1.5 章节安排

本书的结构安排如下：

第 1 章为引言，主要包括：第一，研究问题的提出。第二，研究目标、内容与意义，并对大学城进行概念界定。第三，研究方法、技术路线与数据来源。第四，可能的创新。最后是全书的章节安排。

第 2 章为文献综述，主要包括：第一，介绍以发展大学为代表的区位导向性政策，包括区位导向性政策的基础理论以及区位导向性政策对劳动力市场产生的影响。第二，对大学与城市、区域发展相关理论和影响进行了梳理。主要包括：大学与城市、区域发展理论以及大学等高等教育机构集聚对城市、区域发展的影响。第三，文献研究小结。

第 3 章为制度背景，主要介绍高校扩招政策实施背景下建设大学城的动因，以及大学城建设的现状和发展趋势。

第 4 章为理论模型，主要包括：第一，大学城建设对城市就业规模影响的理论分析，具体包括集聚经济的来源和"集聚-溢出"效应模型。第二，大学城建设对城市就业结构影响的理论分析，具体包括生产部门与生产者决策、居民部门与消费者决策、市场均衡下不同部门的劳动力要素配置的部门份额。第三，理论分析总结与待检验的事实。

第 5 章为大学城建设对人口集聚的影响。首先，以人口密度为人口集聚的代理变量，通过构造城市层面的面板数据，利用多期双重差分法实证考察了大学城建设对城市人口密度的影响。其次，对上述实证结果进行了一系列稳健性检验。再次，分析了大学城建设如何通过流动人口吸引这一途径对城市人口密度产生影响。进一步的，对上述回归结果的异质性进行了讨论。最后是本章小结。

第 6 章为大学城建设对技术创新的影响。首先，以城市专利申请和专利授权数量为技术创新的代理变量，通过构造城市层面的面板数据，利用多期双重差分法实证考察了大学城建设对城市技术创新的影响。其次，对上述实证结果进行了一系列稳健性检验。再次，分析了大学城建设如何通过加大资源投入、吸引企业入驻以及增加人才供给三条途径对技术创新产生影响。进一步的，对上述回归结果的异质性进行了讨论。最后是本章小结。

第 7 章为大学城建设对就业规模的影响。首先，以城市就业总人数作为衡量城市总体就业规模的指标，通过构造城市层面的面板数据，利用多期双重差分法实证考察了大学城建设对城市就业规模的影响。其次，对上述实证结果进行了一系列稳健性检验。再者，分析了大学城建设如何通过"集聚-溢出"效应对城市就业规模产生影响。进一步的，对上述回归结果的异质性进行了讨论。在此基础上，通过利用人口普查的微观数据，讨论了大学城建设对不同特征居民的影响。最后是本章小结。

第 8 章为大学城建设对就业结构的影响。首先，以城市服务业占总体就业的份额作为就业结构的代理变量，并在此基础上构造了服务业内部生产性服务业所占份额的变量，利用多期双重差分法实证考察了大学城建设对城市整体就业结构以及服务业内部就业结构的影响。其次，对上述实证结果进行了一系列稳健性检验。再者，分析了大学城建设如何通过收入效应对城市就业结构产生影响。进一步的，对上述回归结果的异质性进行了讨论。最后是本章小结。

第 9 章为研究结论与启示。主要包括：研究的结论、研究所带来的启示、研究可能存在的局限，以及对未来研究的展望。首先，从城市人口集聚、技术创新、就业规模以及就业结构等方面，总结了大学城建设对城市劳动力市场的影响及其作用机制，给出了本书的研究结论。其次，基于本书的研究结论，针对如何更好地发挥大学城建设对城市就业的积极作用，给出了本书的研究启示。最后，从数据收集以及研究方法的角度，提出了本书的研究局限及未来研究展望。

第 2 章 文献综述

2.1 以发展大学为代表的区位导向性政策

2.1.1 区位导向性政策理论

区位导向性政策（place-based policies）又被称为空间政策，指的是政府为了改进辖区内某个地区经济绩效而实施的政策，这类政策会指向问题区域，通常是衰败的城市或者落后的地区，也会有政策寻求进一步改进经济状况良好的区域，因此区位导向性政策往往会"锁定"在某个城市或区域。按照政策的目标，一类区位导向性政策被称为"基于人口的区位导向性政策（place-based people strategies）"，这类政策的主要目标是帮助相对贫困地区或者相对贫困居民，例如，美国的企业区项目（Ham et al., 2011）。而另一类政策则不考虑地区是否落后或相对贫困地区，以及是否存在贫困人口，例如，中国的经济开发区政策（Wang, 2013）以及大学城建设（初帅，2021）。可以看出，不管是哪种类型的区位导向性政策，其核心都是希望通过实施与区域或地方自身禀赋相契合的针对性政策来实现特定区域的经济发展（孙伟增等，2018）。

区位导向性政策的理论基础主要是市场失灵理论（Neumark & Simpson, 2015）。由于制度或者自然条件等因素的限制，劳动力在不同区域间并非自然流动，这使得不同城市或地区的经济、社会发展程度产生了差异，而这种差异仅靠市场的力量是无法扭转的。由于市场失灵的存在，政府有必要针对特殊的区域实施政策，以帮助这些地区发展。而区位导向性政策之所以能有效，主要是因为集聚经济、知识溢出、产业地方化、空间错配、网络效应以及区位导向性政策公平动机的存在。具体来说，第一，集聚经济的存在意味着正外部性，当一个地区从低就业率、低密度均衡向高就业率、高密度均衡跃迁时，会产生巨大的收益，远超政策成本（Duranton & Puga, 2004; Glaeser & Gottlieb, 2008; Kline, 2010）。第二，知识溢出是指人力资本的彼此接近能够通过知识共享和更快地采纳创新增加所有人的人力资本，并提高企业的生产率（Moretti, 2010），通过政策将人力资本集聚会极大地促进区域的发展。第三，产业地方化是指产业层次具有外部性，当地方的某一个产业形成了密集的劳动市场或中间投入品市场后，会促进产业在本地的集群，并带动本地其他产业的发展，为创立或增强本地产业集群政策提供依据（Bartik, 2003; Matouschek & Robert-Nicoud, 2005; Duranton, 2011）。第四，由于产业结构调整等其他因素，一些地区丧失了原有的发展优势，而由于劳动力并非完全自由流动，所以这些区域的劳动力无法适应新的发展需要，这就导致了空间错配问题（Gobillon et al., 2007; Xiao et al., 2021）。第五，网络效应的存在意味着当政策指向经济欠发达地区或者失业人口高度集中的地区时，由于信息可以在同辈或邻里间形成的网络中进行传播，因此会放大政策的效果（Montgomery, 1991; Glaeser, 2007; Topa & Zenou, 2015）。第六，区位导向性政策的公平动机是指区位导向性政策实施的动机是把工作机会和收入再分配给工作机会缺乏和收入低的区域，当以公平作为政策目标时，政策的效果会附加在特定区域或者人群上（Crane & Manville, 2008; Glaeser and Gottlieb, 2009; Bartik, 2020）。

2.1.2 区位导向性政策对劳动力市场的影响

区位导向性政策实施的目的是通过针对某个区域内实施的政策来帮助该区域实现经济发展。但是从实施效果来看，区位导向性政策是否有效，以及在多大程度上有效，一直是学界争论的话题。一方面，有研究指出，各种类型的区位导向性政策对区域经济增长、区域创新水平、土地地价等产生了积极的影响（Busso & Kline, 2008; Duranton & Venables, 2018; Schweiger et al., 2018）。然而，也有研究指出，区位导向性政策的实施对区域的实际生产效率并没有发挥实际应有的作用（Beason & Weinstein, 1996; Busso et al., 2013; 孙伟增, 2016; Criscuolo et al., 2019）。此外，上述研究大部分都是基于区位导向性产业政策（如设立开发区、工业园等）得出的结论。

除了对区域经济增长、创新水平、土地价格、生产效率等经济发展的指标进行关注外,区位导向性政策对包括区域就业、收入等劳动力市场表现的影响也是学者关注的重点。从理论上说,空间错配假说的存在意味着一些城市地区的少数民族或低技能工人可能面临长期的劣势,这是因为随着制造业工作离开城市,就业机会减少,再加上住房歧视或其他限制,限制了他们向有更好就业机会的地方流动。此外,网络效应的正外部性表明,个体的就业可以通过社交网络帮助其他个体就业(Hellerstein et al.,2011)。因此,无论是网络效应的外部性还是空间错配所隐含的流动性限制,都从理论上说明区位导向性政策的实施会促进区域劳动力市场的发展。

与理论分析相对,大量的经验研究表示,区位导向性政策对劳动力市场的影响似乎是模糊的。一方面,积极的观点认为,区位导向性政策的实施能够促进区域劳动力市场的发展。例如,美国在加州、得州以及一些联邦特许区实施了企业区政策(enterprise zones),这一政策的主要目标是要在目标区域吸引企业以增加就业,同时还要降低贫困率和失业率以及增加收入。项目通过为指定地区的企业提供税收优惠,鼓励增加雇用贫困工人和创办新企业。Freedman(2013)针对德州的研究表明,企业区的设立对区内居民的就业增长有积极影响(每年就业人数增加1%~2%,有时显著);就业影响集中在年薪低于4万美元的工作,以及建筑业、制造业、零售业和批发业。Ham et al.(2011)的研究指出,州一级的企业区的实施会使区内失业率下降1.6%,贫困率降低6.1%,平均工资和薪金收入提升1.6%,就业率增加3.7%;联邦特许区一级的企业区会使区内失业率下降8.7%,贫困率降低8.8%,平均工资和薪金收入提升20.6%,就业率增加34.2%;而对联邦企业社区而言,企业区的设立会使区内失业率下降2.6%,贫困率降低20.3%,平均工资和薪金收入提升4.9%,就业率增加10.7%。一些对于欧洲发达国家开发区实践的研究也指出,建设经济开发区对其所在城市或区域的经济发展有一定的促进作用,例如,能够吸引更多的高新技术企业入驻本地,从而为本地带来更多的就业人口,改善当地就业环境(Begg,1980;Henderson,1984)。Givord et al.(2013)针对法国城市自由区的研究显示,自由区的设立对企业的创建和迁入会产生积极影响,从而促进区域内的就业。对中国而言,经济开发区的设立不仅为其所在地带来了可观的经济收益,也为其所在城市的就业、环境保护等影响社会稳定发展的问题带来了巨大的改善。例如,Zheng et al.(2017)通过对经济开发区进行的实证研究表明，开发区作为区域内积聚经济的主要中心点，对区域内就业密度的提升以及居民工资收入的增加起到了显著的促进作用，并且这种促进作用会进一步溢出到周边的城市中。进一步的，郑思齐等（2020）利用2014年和2016年中国家庭跟踪调查数据进行的研究发现，开发区的设立能够显著降低本地区就业不匹配的程度。

与上述结果相对，也有一部分研究发现，区位导向性政策的实施并不能对劳动力市场的发展起到积极的作用。例如，Elvery（2009）对加州以及佛罗里达州的企业区进行研究后发现，两州企业区的设立对区内居民就业有一定程度负的影响，但不显著。Neumark & Kolko（2010）对美国加州企业区的研究结果显示，区内企业没有显著影响就业的证据，并且未发现企业区的设立对周边城市存在溢出效应。Hanson & Rohlin（2013）对美国联邦特许区内企业区的设立进行研究后发现，尽管联邦特许区内企业区的设立能够在一定程度上促进区内就业率的增加（Hanson，2009），但对地理上或经济上接近该区的其他区域有显著的负向影响，尤其会降低周围区域企业的数量，在考虑了负面溢出效应后，直接处理地区的正面效应大致被负的溢出效应抵消了。此外，一些理论研究指出，区位导向性政策对劳动力市场的最终影响结果取决于对住房价格和移民的影响（Neumark & Simpson，2015）。

通过对上述文献的描述我们可以发现，首先，尽管有一些研究明确指出了企业区类型的区位导向性政策有一定的积极作用，但很难证明企业区在创造就业或福利收益方面的有效性。要想取得进一步的进展，就必须弄清这些项目的哪些特点可以使其更加有效。其次，尽管在过去的一段时间中有大量关于区位导向性政策的新研究，甚至有许多研究集中在评估同一个项目上，但是能够协调现有发现的研究仍然不足，我们仍然需要针对这一问题做更多的工作。

2.2　大学对城市、区域发展的影响

2.2.1　大学与城市、区域发展理论

一些国家试图利用大学的布局或推广作为加快地方经济发展的工具，这使得大学成为区位导向性政策的一种典型类型。显而易见的是，

世界领先的大学通常位于经济繁荣的地区和城市，许多最著名的高科技集群的例子都与著名的研究型大学有明确的联系，或至少位于其附近，如硅谷和剑桥大学周围的硅沼。大学与区域发展之间的互动已得到经济学家越来越多的关注（Goldstein & Renault，2004；Harrison & Turok，2017）。随着商业的全球化和发达经济体从传统制造业向知识密集型生产和服务业的转型，美国和其他先进国家的州和区域经济发展机构越来越多地被驱向旨在发展以大学为核心的知识经济的战略（Goddard & Chatterton 2003；World Bank 2004；Drucker & Goldstein 2007）。此外，在过去的几十年里，大学已经从主要与社会分离的知识"积累者"演变为"知识中心"，它们深深地嵌入区域并影响区域经济发展（Rothaermel et al.，2007；Youtie & Shapira，2008；Marozau et al.，2021）。一些著名的成功案例，如加州的硅谷、马萨诸塞州的128号公路和美国北卡罗来纳州的三角研究区，使政策制定者相信，大学是区域发展的引擎。

然而，近年来的一些研究则指出，大学的设立并不一定能促进区域的经济发展。Feldman & Desrochers（2003）发现，美国排名靠前的研究型大学——约翰霍普金斯大学并没有对其所在地区的经济发展做出贡献。Bonander et al.（2016）利用瑞典境内一次将学院升级为大学的外生事件作为准实验，发现大学的发展并没有促进其所在地区的经济发展。Garcia-Alvarez-Coque（2021）通过分析266个欧洲NUTS 2地区，发现一流大学的存在不一定能促进地区经济发展。Chu et al.（2022）以中国科学技术大学从北京外迁至安徽为案例，利用合成控制法得出的结果发现：大学，甚至是高水平研究型大学的入驻不但没有为当地带来经济发展，反而产生了显著的经济成本。但是研究也进一步指出，当大学与区域内的产业和政府形成良性互动时，大学会对区域经济的发展产生促进作用。

Drucker & Goldstein（2007）指出，大学作为区位导向性政策的一种类型，可以通过知识的创造、人力资本的创造、技术的转让、技术创新、资本投资、区域领导力、知识-边缘基础设施的生产，以及对区域社会环境的影响来促进区域的发展。在区域内建设和发展大学往往是区域政策制定者政策工具箱中必备的一项。

2.2.2 大学等高等教育机构集聚对城市、区域发展的影响

根据前文所述，高校作为提供高等教育培训最主要与最重要的机构，其建设与发展始终被政策制定者认为是促进城市发展和创新的重要资源（Miner et al., 2001）。为了提高大学的基础研究能力和综合实力，各国针对高等教育的发展及其模式都进行了不同程度、不同类型的改革。改革主要从两个方面进行：一方面，出台各种类型的财政投入激励措施，加大对高校、研究所等高等教育机构的资金支持。例如，中国实施的"211 工程"、"985 工程"和"双一流计划"，德国进行的"精英大学计划"，俄罗斯的"5-100 计划"等。另一方面，对大学或者高等教育机构在空间上进行集群及制定集群政策。采用这一方式的基本逻辑在于：空间集群可以降低不同大学之间的沟通成本，促进大学之间学术和学科资源的共享，提高平均科研产出，实现"集聚效应"（Johnston, 1994; Bonaccorsi & Daraio, 2005）。这种政策倾向不仅在南非（Adendorff & Donaldson, 2012）和中国（Cai & Liu, 2015）等发展中国家普遍存在，在美国、俄罗斯等发达国家也很普遍。例如，自 1979 年以来，意大利国家研究委员会（意大利语：Consiglio Nazionale delle Ricerche，CNR）通过建立"研究区"，将研究机构集中在意大利的一些区域进行空间集聚，以形成研究机构密集区。日本的筑波大学城以筑波大学为核心，聚集了日本约 30%的政府研究实验室和 40%以上的政府研究人员（Bloom & Asano, 1981）。20 世纪 60 年代后，印度政府通过在班加罗尔聚集 125 所大学，以班加罗尔中央学院和印度科学研究所作为代表，将班加罗尔建立为"印度的硅谷"。

实际上，伴随着高校以及集群政策在城市经济和社会生活中的渗透，一种新的城市发展模式——大学城开始出现，并以一种典型的模式在世界范围内被采用（Weber, 2001; Lafer, 2003; Adendorff & Donaldson, 2012）。最早的大学城可以追溯到工业革命时期的欧洲城市，例如，牛津、剑桥、鲁汶、根特、海德堡等大学城。这些大学城的发展不仅使其所在城市成为高等教育的中心，更是成为本国或本地区的政治、经济、文化中心。欧洲大学城的形成是在学者和学生长期聚集的地方自然形成，与此相对，1900 年前后美国出现了一种新型的大学城，即在远离大城市中心外围地区发展出来的大学城，如硅谷大学城。与欧

洲大学城不同,美国式大学城往往是高校在城市尚未有重大发展之前就建立,伴随着高校发展逐渐带动地方发展(Gumprecht,2003)。美国式大学城的发展印证了现代式教育是经济社会崛起的关键这一观念,并且在全世界范围内被采用。

与大多数发展中国家将发展现代高等教育体系放在优先位置相同,中国也把大学城建设作为支持高层次教育、培养高层次人才的重要手段,并期望以此来带动城市创新发展(Li et al.,2014)。针对中国大学城的建设,花小丽等(2005)以南京"仙林大学城"为例,论述了大学城建设对南京市高等教育产业发展、消费市场扩大以及新产业与新企业孵化起到了积极的作用。Wang & Tang(2020)利用城市数据实证检验了大学城建设对边缘城市形成的影响,发现边缘城市的形成对城市经济增长起到了促进作用。

2.3 文献研究小结

本章对以发展大学为代表的区位导向性政策以及对大学与城市、区域发展相关理论进行了梳理,可以看出:

一方面,尽管目前国际上对区位导向性政策的理论与实证研究已经取得了若干进展,但是囿于相关前提假设和制度背景主要是针对西方发达经济体进行的,而针对发展中国家,尤其是中国特有的制度环境下的理论分析与实证研究尚不充分。而且,已有对区位导向性政策经济效果的讨论大多是基于区位导向性产业政策进行的,对于发展大学城为代表的区位导向性政策缺乏深入的探讨。中国大学城的建设与传统的区位导向性政策存在一定的差异。因此,有必要在中国背景下对以大学城建设为代表的区位导向性政策进行理论分析与实证检验。

另一方面,从大学对城市、区域发展影响以及大学等高等教育机构集聚的实践来看,目前的研究大多是基于西方国家自发形成的大学城或者科学城进行的。考虑到中国大学城建设所特有的高度计划性与目的性,其经济效果与西方国家是否存在差异,存在多大程度上的差异,以及差异来源是什么等问题的回答,能够为其他发展中国家实施类似的政策提供借鉴与参考。此外,已有少量针对中国大学城经济效果的研究较少关注劳动力市场的影响。随着国家和民众对就业、收入分配等劳动力市场中所表现的问题关注度的提升,就业必将成为实现中国经济高质量发展过程中的重要议题,因此有必要讨论已有的政策如何对就业产生影响。

上述对于现有文献研究的归纳为本研究的开展提供了依据。下一章将对中国大学城建设的制度背景进行论述。

第 3 章　制度背景：高校扩招与大学城建设

　　世纪之交，国内、国际形势发生了深刻的变化。随着商业的全球化和发达经济体从传统制造业向知识密集型生产和服务业的转型，科技和教育在日益激烈的综合国力竞争中变得越来越重要（Drucker & Goldstein，2007）。1995 年，党中央宣布要在未来一段时间大力推进科学事业与教育事业的发展，也就是"科教兴国"战略。在此基础上，1999 年教育部在中央的支持下推行了"高校扩招"政策。自此，中国的高等教育规模逐年增加，高等教育正式进入大众化发展阶段（李春玲，2010），高等教育提供的人力资本实现了短期内迅速提升，并随着经济发展大量向城市集聚（李海峥等，2013；初帅，2016）。然而，与招生规模扩张带来的潜在需求激增相矛盾的是，许多高校尤其是省属高校面临着生均教学仪器设备值不达标、生均教学行政用房面积不足以及师生住宿空间不足等现实问题，这些问题的存在限制了扩招政策的潜力。与主要靠政府的等、靠、要不同，一些地区的主政官员、高校领导以及企业家开始逐步探索其他办教育的方式，部分地区意识到，用土地置换等手段也许是一条新的教育投资思路，例如，通过将已有在旧城区的大学转移到土地价格相对便宜的市郊地区重新建立新校区，加快、加大高等教育扩张的步伐（皮耐安，2002）。于是，为了容纳招生规模扩张的潜在需求，引进高等人才（习近平，2002），地方政府在中央政府的支持下，由地方政府主导，高校与企业共同参与建造了将大学、研究所或职业技术学院等高等教育机构聚集在一起的区域，形成了世界范围内罕见的由政府主导形成的高等教育集中区——大学城（university town，UT）。

　　大学城建设需要巨额资金的支持、大片土地的供给以及地方政府巨大胆识的支撑，是一项浩大的工程（顾建民和王爱国，2003）。可以说，兴建大学城是政府、高校与市场共同参与和努力的结果。对中央政府而言，高校扩招政策实施后，虽然高等教育入学的人数在各地都逐年增长并连创历史新高，但与社会日益增长的求学需求相比，高等教育的供给仍显不足，扩招政策的实施让各地高等教育资源开始出现供不应求、资源紧张的局面。为了让高校办学空间进一步扩大，增加高等教育容量，缓解高等教育大众化与现有高校资源不足的矛盾，兴建大学城便成了解决这些问题的必然政策选择。对地方政府而言，大学城的建设对于区域内高等教育综合实力的提升、城市化进程的加快以及区域文化品位的提高有着巨大的潜力，而且大学城建设带来的投资以及潜在的消费能力对区域经济发展也有强大的刺激作用。为了建设大学城，许多地方政府甚至向高校无偿赠送土地，主动承担高校校舍、实验室以及图书馆等基础设置建设，并且专门开通公交或地铁线路来方便大学城内师生的通勤。例如，上海市在建设松江大学城时就提出"用土地换'高地'，用土地换空间，用土地换发展"的口号。对高校而言，扩招带来的招生规模的激增使得扩大办学空间、改善办学条件成为其迫切需求。

大部分高校旧校区的地理位置都位于其所在城市的核心区域，或者距离核心区域较近。再加上早年中国高等教育施行"精英化"的路线，导致许多高校占地面积较小，师生规模也较小，同时还存在教学楼、宿舍楼以及实验室等基础设施老旧的问题。现实中，各地不断推进的城市化建设，以及市场经济观念的深入人心和由此带来的经济高速发展，使得原本处于中心区域的高校很难在空间上进行拓展。因此，大学城建设为高校突破现有空间桎梏、实现更高程度的发展提供了不可多得的机会。在这一背景下，各类高校纷纷赞成和响应大学城建设的想法，并积极推进。对市场而言，建设大学城需要巨额的资金，这笔资金的需求仅靠政府是难以满足的，因此，大多数大学城的建设除了少量的财政拨款作为启动资金外，大量的建设资金需要企业投资、土地置换、银行贷款等来自市场的支持，这为市场介入教育产业、寻求商机提供了契机。企业可以通过投资介入大学城内的管理工作，或通过土地置换进行房地产经营，而供不应求的高教产业和稳中有升的学费收入也使贷款的风险大大降低。通过以上描述我们可以发现，由于多方的需求以及利益驱动，大学城建设成为高等教育发展以及区域发展的一项必然政策选择。

1999 年，廊坊"东方大学城"的建设正式拉开了中国各地大学城建设的序幕。从总量来看，截至 2019 年，全国已经建成或在建的大学城近 70 座。图 3-1 展示了 2000—2019 年中国大学城建设数量的变化趋势。可以发现，2000—2005年是中国各地市大踏步建设大学城的时期，5年间，中国建设了近30座大学城。2005年后，建设大学城的脚步有所放缓，直到2016年大学城建设的数量才突破了60座。2016年之后几乎没有新建成的大学城。后期大学城数量增长放缓的原因，一方面是由于在急需建设大学城以满足地方高等教育发展的城市，地方政府早就率先进行了规划与建设，可以说，目前已有的大学城已经基本满足了各地高等教育发展的需求。另一方面，由于大学城的建设对城市城镇化推进、房地产事业发展有一定的促进作用（Wang & Tang, 2020），并且会被作为主政官员的一项政绩（Chu & Wu, 2021），因此许多地方政府往往没有认真评估便匆匆上马大学城建设项目。一些地方政府甚至打着建设大学城的"幌子"进行房地产项目的开发。例如，在河南郑州，当地政府以开发和建设"龙子湖大学城"为名，非法强行征用了近991.8公顷的土地，获取了本应禁止用于商业活动的农业用地。该案后来成为中央政府查处政府官员非法批准征地的最高级别案件之一（李东凯，2006）。基于此，中央政府从2006年开始逐步加强了对大学城建设的管制，对于新设立的大学城项目，要上报自然资源部进行统一备案。自此，"跑马圈地"建设大学城的热潮开始下降，各级地方政府也逐渐恢复冷静，放缓了大学城建设的步伐。大学城的建设虽然总量上并

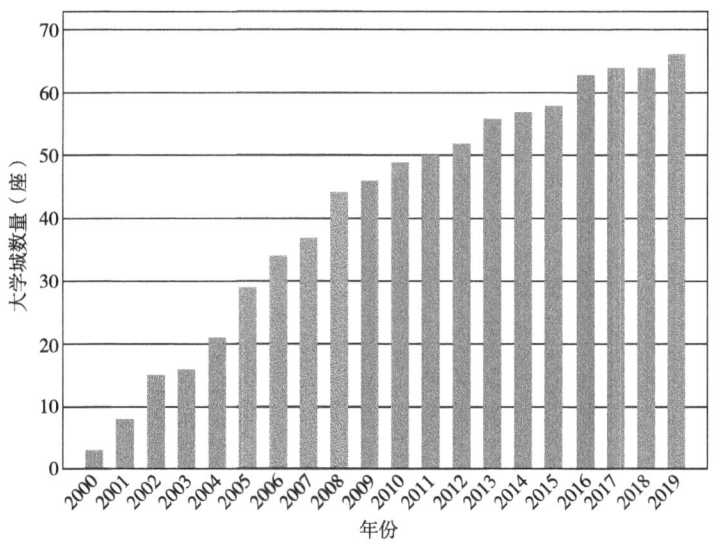

图3-1　不同年份大学城建设数量变化

不算大，但是其对地方高校以及高等教育的发展有不可小觑的影响。从入驻大学城的高校数量来看，2000年仅有20所高校或研究机构入驻大学城，但到2019年，有500余所高校或研究机构入驻大学城，入驻大学城的高校或研究机构数量约占全中国高校或研究机构总量的20%。

除了数量的变化，大学城的地理分布也独具中国特色。西方国家的大学城往往是自发形成的，因此大学城往往处于一个国家高等教育、经济发展以及文化积累相对核心的城市。西方国家大学城所在的城市本身就具有良好的经济基础与优越的地理环境，而且历史悠久。而中国大学城的建设更多的是反映了地方政府的意志，具有高度的计划性与目的性，中国的大学城分布在各种区位的城市中，既分布在北上广深以及南京、杭州等一线城市，也分布在日照、廊坊、昆山等二、三线城市；既分布在高等教育资源丰富、地理环境优越的东部地区，也分布在中西部城市；既分布在广州、青岛等临海或湾区等地理区位优势明显的城市，也分布在昆明、乌鲁木齐等内陆城市。

实际上，经过20余年的建设与发展，大学城已经成为区域经济发展的重要引擎，为区域人力资本集聚以及经济发展提供了重要的支撑[1]。考虑到中国大学城建设过程中所体现出的高度计划性与目的性，为检验以大学城建设为代表的区位导向性政策产生的经济效果提供了一个自然实验。在下一章，本书将通过构建理论模型，解读大学城建设对城市劳动力市场就业规模以及就业结构的影响。

---

[1] 许多地方政府都出台了通过大学城建设来促进地方经济发展的文件，附录A列出了作者搜集到的部分地方政府关于大学城建设与地方经济发展的相关文件或报道。

第 4 章　理论模型

本章将进行大学城建设对城市就业规模和城市就业结构影响的理论推导，用于指导后续实证研究的展开。

大学城建设的最初目的是应对高校扩招政策带来的招生规模激增与现实中高校发展空间不足的矛盾，直观上，大学城建设能够缓解这一矛盾，激发区域高等教育扩张的潜力，为区域吸引更多的教师、科研人员以及大学生等高水平人力资本。大学城的建设在客观上形成了高校集聚，可以通过知识溢出等途径促进区域创新活动，推动区域内生产力的提升。与此同时，为了满足规模庞大师生群体的日常生活需求，大学城的建设也吸引了大量从事消费型服务业的从业人员。此外，大学城的建设需要进行校舍、交通等大量的基础设施建设，对制造业也产生了大量的需求。因此，大学城的建设在理论上应该会促进区域内整体就业规模的提升。但更关键的问题是：这一提升对不同行业的影响是否均等？应该怎样理解大学城建设对不同行业就业规模影响差异的来源？与此同时，大学城建设为区域吸引了大量的高水平人力资本，考虑到人力资本对产业结构转型的影响，地区的就业结构在大学城建设后会产生怎样的变化？我们有必要从理论上对上述问题进行梳理，为之后的实证研究提供指导。

4.1　大学城建设对区域就业规模影响的理论分析

本章将在传统集聚经济的分析框架下，对已有文献中提出集聚经济的来源进行描述，并在此基础上说明这些来源如何导致以大学城建设为代表的区位导向性政策冲击产生的溢出效应。通过构建一个包含集聚经济的理论模型，可以推导出大学城建设如何通过"集聚-溢出"效应影响本地就业。具体地，4.1.1 节对集聚经济的来源进行了论述，分析本地就业如何受到这些来源的影响，以及大学城建设如何对这些来源产生影响。在4.1.2节，我们正式建立理论模型来分析"集聚-溢出"效应。首先，设立基准模型，说明本地不同产业劳动力需求主要受哪些变量的影响。其次，对集聚进行定义，并说明其如何受大学城建设的影响。最后，推导大学城的建设如果通过集聚效应促进与其直接相关行业就业规模的增加，并溢出到其他行业中来促进城市整体就业规模的增加。

4.1.1 集聚经济的来源

正如 Marshall（1890）首次假设的那样，知识溢出以及厚实（thick）的劳动力市场可以帮助产业从集聚中获得生产力或成本优势。大学城的建设可以通过这两种机制导致生产力外溢，具体来说：一方面，大学城建设扩大了区域高水平人力资本的积累，从而使新的知识进入区域。这些人之间的正式和非正式互动可能会带来这种知识的共享，产生积极的生产外部性（Glaeser, 1999; Serafinelli, 2016）。另一方面，受大学城建设直接影响的行业，如餐饮、娱乐、休闲等消费型服务业或者基础设施建设等制造业的劳动力需求，会在大学城建设后激增，从而吸引更多的劳动力流入这些行业，扩大了当地劳动力市场的规模。在一个具有搜索摩擦和异质企业与劳动者的劳动力市场中，当地劳动力市场规模的增加可能会使当地其他行业的工人与企业的匹配更有成效，因为现在有更多的企业提供工作，更多的工人在当地劳动力市场上寻找工作（Helsley & Strange, 2002）。此外，本地某一行业规模的增加可以通过投入产出关系提升其与其他区域同行业竞争时的成本优势。本地的上游供应商可能比其他区域的供应商更能从规模增加的行业中获益，因为他们可以更快、更便宜地满足服务以及中间产品需求的增加。在接下来的模型框架中，本书通过引入生产转移来分析大学城建设对本地就业规模的"集聚-溢出"效应。

4.1.2 "集聚-溢出"效应模型

首先，我们来介绍基本的经济环境。假设模型中的经济由许多城市 r 和行业 j 组成，每个行业生产一种行业特定的商品，其价格 p_j 为市场出清价格，为外生决定。每个产业的产出 Y_{jr} 表示为 C-D 函数：

$$Y_{jr} = A_{jr} L_{jr}^{\alpha} K_{jr}^{(1-\alpha)\mu} \overline{R}_{jr}^{(1-\alpha)(1-\mu)} \tag{4-1}$$

其中，A 代表生产率，K 代表资本，L 代表劳动力。$\bar{R}$ 代表本地固定的资源，以确保当生产力存在空间差异时各个地区能竞争多个产业（Hanlon & Miscio，2016）。进一步的，假定劳动力供给是外生的：

$$\ln(L_r) = \frac{1}{\eta}\ln(w_r) \cdot g(UT_r) \tag{4-2}$$

其中，η 为劳动供给弹性，w 为平均工资。当 $\eta \to 0$ 时，本地劳动力供给具有完全弹性，对就业区域不具有偏好；当 $\eta > 0$ 时，个体会产生流动成本，对就业区域产生偏好。当市场处于完全竞争状态时，收入等于成本。UT_r 表示区域 r 是否有大学城建设。显然，大学城建设会对当地劳动力供给产生正向的冲击。当经济处于完全竞争市场时，收入等于成本：

$$L_{jr}w_r + K_{jr}i + \bar{R}_{jr}q_{jr} = p_j Y_{jr} \tag{4-3}$$

其中，w_r 为区域平均工资，i 为资本价格，q_{jr} 为本地固定资源的价格，当满足成本最小化时：

$$d\ln p_j + d\ln Y_{jr} = \alpha d\ln L_{jr} + (1-\alpha)\mu d\ln K_{jr} + \alpha d\ln w_r + (1-\alpha)(1-\mu)d\ln q_{jr} \tag{4-4}$$

$$d\ln Y_{jr} - d\ln A_{jr} = \alpha d\ln L_{jr} + (1-\alpha)\mu d\ln K_{jr} \tag{4-5}$$

因此：

$$d\ln p_j + d\ln A_{jr} = \alpha d\ln w_r + (1-\alpha)(1-\mu)d\ln q_{jr} \tag{4-6}$$

由于 C-D 生产函数中投入要素之间的替代弹性为 1，因此：

$$d\ln L_{jr} - d\ln K_{jr} = -d\ln w_r \tag{4-7}$$

$$d\ln K_{jr} = d\ln q_{jr} \tag{4-8}$$

进一步整理后，我们可以得到劳动力需求与工资变化的关系：

$$d\ln L_{jr} = \frac{1}{(1-\alpha)(1-\mu)}d\ln p_j + \frac{1}{(1-\alpha)(1-\mu)}d\ln A_{jr} - \frac{1-\mu(1-\alpha)}{(1-\alpha)(1-\mu)}d\ln w_\eta \tag{4-9}$$

第二步，我们来考察大学城建设产生的集聚效应，以及集聚效应如何溢出到其他行业。如前文所述，集聚经济来源于人力资本以及劳动力规模，因此本书假设生产率 A_{jr} 受本地人口集聚程度影响，表现出集聚效应。对人口集聚而言，大学城的建设能够进行边缘城市的开发，提高城市土地的利用率，在相对面积不变的情况下吸引更多的人口。因此，将人口集聚程度定义为一个受大学城建设影响的函数 $f(UT_r)$，本地劳动力总体规模为 L_r，由此可以得出：

$$\ln(A_{jr}) = \lambda \cdot \ln L_r \cdot f(UT_r) \qquad (4\text{-}10)$$

λ 反映了集聚弹性，即 $\dfrac{dA_{jr}^2}{d\ln L_r \cdot f'(UT_r)} = \lambda$，是一个简化的参数，反映了集聚溢出效应的来源，即知识溢出、厚实的市场效应和投入产出关系。这里有一个重要的前提假设，即大学城的建设能够促进城市人口集聚与城市技术创新。前文已经论述了大学城建设如何影响城市人口集聚，进而，大学城建设能够促进城市技术进步这一前提假设的合理性在于：创新活动（R&D）可以分解为研究与发展两部分，高校作为承担基础研究最核心的机构，是科学与技术进步的主要来源，一般承担创新活动的研究任务；企业作为将基础研究与科技进行应用以及产业化和商业化的主体，往往承担着创新活动的发展任务。所以，与企业或产业集聚不同，高校集聚的主体是处于创新活动上游的高校或科研机构。已有研究指出，高校集聚能够提升科学研究的生产力。这是因为，尽管科学知识传播可以通过编撰和远程传输进行流动，但是科学研究项目所需要的知识往往具有"黏性"，所以这类知识只有通过面对面（face to face）的沟通和交流才能最有效地实现知识的流动。知识流动具有嵌入性质，使得科研活动需要物理上的接近来提升研究的效率。此外，有些设施（图书馆、技术服务等）需要一定的规模才能有效运作，一个国家或地区中，这些设备的分散与重复建设会带来效率的损失。因此，有意识地将高校进行地理或区域集聚的政策，能够带动创新活动上游研究效率，从而促进区域创新。更具体的，本书将大学城建设带来的高校集聚对区域创新的影响细化为共享效应与匹配效应。

知识是创新活动最核心的生产要素，充分的知识生产与知识流动是实现创新的必要条件。而作为知识最重要也是最主要的来源，高校不仅提供了基础理论或最新科学与研究成果等直接知识，还培养了具有高技能与高生产力的人力资本，以提供间接的知识。当高校在区域集聚时，就会出现厚实的知识要素市场。厚实的知识要素市场能够有效地共享（sharing）各类知识，获得一批具有专业知识和有经验的工人，以及各种专业化的商业服务，并通过这些联系使知识迅速流动。高校集聚产生的共享效应能够降低知识共享成本，并提升当地外包服务的能力，这使得企业能够以更精简的库存降低生产成本，从而吸引新建企业选址在当地，并形成空间集聚。Carlino & Kerr（2015）指出，与熊彼特强调的发明创新不同，区域创新强调商业化的运行，一个新产品的想法可能发生在一个区域，但该产品的商业化可能发生在另一个完全不同的地方。商业化的运行是以区域为单位的，而商业化运行的主体则是企业，所以，通过共享效应吸引更多企业选址在当地是实现区域创新的重要表现。此外，为了帮助企业把创新意图转化为创新现实，专业化的商业服务必不可少。在各类商业服务中，创新融资（如天使或风险投资）被认为是最主要的。传统的融资渠道（如银行贷款等）可能无法承担创新性企业存在的高风险、大量融资需求以及信息不对称问题，这些问题在高科技企业中尤其明显。因此，风险投资机构往往在企业集中的地区进行投资，通过共享信息以最小成本监控投资，并为其投资公司提供相应的运营支持。随着高校集聚带来更多的企业，企业数量的增加提升了劳动力的需求，劳动力有了更多的选择，同时会降低预期匹配的机会成本，从而提高匹配的平均产出，改善了本地劳动力市场的匹配（matching）质量。

在论证完前提假设的合理性后，将式（4-10）代入式（4-9）后可以得：

$$d\ln L_{jr} = \frac{1}{(1-\alpha)(1-\mu)}d\ln p_j + \frac{1}{(1-\alpha)(1-\mu)}\lambda df(UT) - \frac{1-\mu(1-\alpha)}{(1-\alpha)(1-\mu)}d\ln w_r \quad (4-11)$$

当产品的价格为外生决定时，$d\ln p_j/d\ln p_k = 0$，即行业 k 的产品价格变动不会直接影响到行业 j 的产品价格，因此，式（4-10）可以表示为：

$$\frac{d\ln L_{jr}}{d\ln p_k} = \frac{\lambda}{(1-\alpha)(1-\mu)}\frac{d\ln f(UT_r)}{d\ln p_k} - \frac{1-\mu(1-\alpha)}{(1-\alpha)(1-\mu)}\frac{d\ln w_r}{d\ln p_k} \quad (4-12)$$

式（4-12）展示了行业 k 生产产品的价格变化 P_k 如何影响当地行业 j 的就业规模，这为我们进行"集聚-溢出"效应的分析提供了一些启发。可以看出，伴随着行业 k 的产品价格的变化，行业 j 的就业规模受到两方面影响：一方面来自"集聚-溢出"效应产生的正向影响［式（4-12）等号右端的第一项］；另一方面来自再分配效应产生的负向影响［式（4-12）等号右端的第二项］。当不存在"集聚-溢出"效应时，行业 k 的产品价格变化与行业 j 的就业规模呈负相关关系，这是因为行业 k 的产品价格变化会提高整个区域的工资水平，从而降低其他行业的均衡就业规模。然而，在存在"集聚-溢出"效应时，行业 k 的产品价格变化会对其他行业 j 的就业规模产生正向的促进作用。

在上述分析的基础上，当要素市场出清时，$\sum L_{jr} = L_r$，也即 $\sum s_{jr} d\ln L_{jr} = d\ln L_r$，其中 s_{jr} 为行业 j 在区域 r 中的初始就业份额（$s_{jr} = L_{jr}/L_r$）。将本地所有行业劳动需求的表达式（4-11）相加可以得到：

$$d\ln L_r = \sum s_{jr} d\ln L_{jr} = \frac{1}{(1-\alpha)(1-\mu)} \sum s_{jr}(d\ln p_j + d\ln A_{jr}) - \frac{1-\mu(1-\alpha)}{(1-\alpha)(1-\mu)} d\ln w_r$$

(4-13)

最后，将表达集聚经济的式（4-10）以及本地劳动供给表达式（4-2）代入上式，即可得到：

$$d\ln L_r = \frac{1}{(1-\alpha)(1-\mu) - \lambda + [1-\mu(1-\alpha)]\eta} \sum s_{jr} d\ln p_j - d\ln f(UT_r)$$

(4-14)

将式（4-2）与式（4-10）代入式（4-14）可以得到：

$$d\ln L_r = \frac{1}{(1-\alpha)(1-\mu) - \lambda \cdot f'(UT) + [1-\mu(1-\alpha)]\dfrac{\eta}{g'(UT)}} \sum s_{jr} d\ln p_j$$

(4-15)

将式（4-15）的结果代入式（4-11）中可以得到：

$$d\ln L_{jr} = \frac{1}{(1-\alpha)(1-\mu)} d\ln p_j + \frac{1}{(1-\alpha)(1-\mu)} \times \frac{\lambda \cdot f' - [1-\mu(1-\alpha)]\dfrac{\eta}{g'}}{(1-\alpha)(1-\mu) - \lambda f' + [1-\mu(1-\alpha)]\dfrac{\eta}{g'}} \sum_k s_{kr} d\ln p_k$$

(4-16)

式（4-16）进一步明确了大学城建设如何通过"集聚-溢出"效应影响区域就业规模。可以发现，当不存在"集聚-溢出"效应（$\lambda = 0$）时，大学城建设对与其紧密联系行业带来的冲击可能会提升这些行业产品的价格水平，再分配效应会降低其他行业的就业规模。然而，当存在"集聚-溢出"效应且其足够大 $\left(\lambda \cdot f' - [1-\mu(1-\alpha)]\dfrac{\eta}{g'}\right)$ 时，大学城建设对与其联系紧密行业的冲击可能会导致区域均衡就业的增加。

4.2 大学城建设对区域就业结构影响的理论分析

大学城建设的实质是为城市实现高等教育扩张而采取的政策,本节将从理论角度分析大学城建设为城市带来的高等教育扩张如何在收入效应作用下影响就业结构的变化趋势。基准模型是包含两部门、分产品与异质性劳动力的模型,在给定要素数量和生产技术的基础上推导就业结构的均衡水平;主要机制是收入效应,即高技能劳动力工人的增加提升了本地居民的收入,同时收入的提升又会使居民选择消费更多的服务业产品,从而推动劳动力再配置和就业结构转型。

模型中包括居民部门和生产部门,居民部门包括大学生居民和非大学生居民;生产部门则被划分为服务业部门和制造业部门。所有居民在价格和收入的约束下进行消费决策,决定消费的服务业产品和制造业产品的总量,并在每一期消费所有收入。生产部门则会雇用大学生居民和非大学生居民,并在要素价格、产品价格以及生产技术约束下做出生产决策。

4.2.1 生产部门与生产者决策

参考 Kongsamut et. al.(2001)和 Ngai and Pissarides(2007)的做法,将初始经济环境设定为包含制造业以及服务业的两个生产部门,并且制造业以及服务业部门均通过低技能劳动力(L)和高技能劳动力(H)的组合进行生产。将制造业产品作为一般计价物,且两部门的生产函数均为柯布道格拉斯形式:

$$Y_m = A_m L_m^{\alpha} H_m^{1-\alpha} \tag{4-17}$$

$$Y_s = A_s L_s^{\alpha} H_s^{1-\alpha} \tag{4-18}$$

其中,Y_m 和 Y_s 分别表示制造业产品和服务业产品,A_m 和 A_s 分别表示制造业生产技术和服务业生产技术,L_m 和 H_m 分别是制造业所使用的低技能工人和高技能工人,L_s 和 H_s 分别是服务业所使用的低技能工人和高技能工人。α 为参数,表示低技能工人所占份额。

由生产企业的最优化决策以及要素市场的非套利条件可知:

$$\alpha A_m L_m^{\alpha-1} H_m^{1-\alpha} p_m = \alpha A_s L_s^{\alpha-1} H_s^{1-\alpha} p_s \tag{4-19}$$

$$(1-\alpha) A_m L_m^{\alpha} H_m^{-\alpha} p_m = (1-\alpha) A_s L_s^{\alpha} H_s^{-\alpha} p_s \tag{4-20}$$

在式（4-19）与式（4-20）的基础上，可以得到两部门使用相同的工人比例：

$$\frac{L_m}{H_m} = \frac{L_s}{H_s} \tag{4-21}$$

并且，相对价格与相对生产技术呈反比关系：

$$p_s = \frac{A_m}{A_s} \tag{4-22}$$

以上结果表明，两部门在生产中会使用相同的劳动力配比，所以两部门产品的相对产量能够反映所有居民在两部门的就业比例情况。用 κ 表示制造业所使用的居民数量占总居民数量的比例，则式（4-17）与式（4-18）可以表示为：

$$Y_m = A_m(\kappa L)^\alpha (\kappa H_m)^{1-\alpha} \tag{4-23}$$

$$Y_s = A_s[(1-\kappa)L]^\alpha [(1-\kappa)H_s]^{1-\alpha} \tag{4-24}$$

从而有：

$$\frac{\kappa}{1-\kappa} = \frac{Y_m A_s}{Y_s A_m} \tag{4-25}$$

这说明，居民在两个生产部门的就业比例会受居民消费决策的影响。

4.2.2 居民部门与消费者决策

给定经济环境中每个非大学生和大学生分别提供 1 单位的低技能劳动和 E 单位的高技能劳动，并假定非大学生与大学生人数分别为 L 与 U。因此，生产部门可用的低技能劳动力总量为 L，高技能劳动力总量为 EU，整个经济中参与生产活动的劳动力数量为 $N = L + U$。作为消费者的居民，其目标是最大化当期效用函数，并以收入为约束条件，则可得：

$$\max_{c_{m,i}, c_{s,i}} \left[\gamma c_{m,i}^{\frac{\varepsilon-1}{\varepsilon}} + (1-\gamma)(c_{s,i} + \bar{c}_s)^{\frac{\varepsilon-1}{\varepsilon}} \right]^{\frac{\varepsilon}{\varepsilon-1}} \quad i = H \text{ or } L \tag{4-26}$$

$$\text{s.t.} : c_{m,i} + p_s c_{s,i} = R_i \tag{4-27}$$

其中，i 表示劳动力的类型，$c_{m,i}$ 和 $c_{s,i}$ 表示不同类型劳动力消费的制造业和服务业产品，ε 表示两类产品的替代弹性，这里假设 $\varepsilon < 1$，即两种产品是互补的。由于制造业产品是一般计价物，其价格被标准化为1，服务业产品的价格为 p_s。γ 表示偏向系数，$\bar{c}_s$ 表示家庭自主生产的服

务，R_i 表示居民的收入。由上面的最大化问题可以得到，当 R_i、p_s 给定时，居民的消费选择为：

$$c_{s,i} = \frac{R_i - \left(\frac{\gamma}{1-\gamma}\right)^\varepsilon p_s^\varepsilon \overline{c}}{p_s + \left(\frac{\gamma}{1-\gamma}\right)^\varepsilon p_s^\varepsilon} \quad (4-28)$$

$$C_{m,i} = \frac{(R_i + p_s \overline{c})}{p_s + \left(\frac{\gamma}{1-\gamma}\right)^\varepsilon p_s \varepsilon} \left(\frac{\gamma p_s}{1-\gamma}\right)^\varepsilon \quad (4-29)$$

由此可以得到消费者在制造业产品和服务业产品的份额为：

$$\frac{p_s c_{s,i}}{p_m c_{m,i}} = \left[\left(\frac{\gamma p_s}{1-\gamma}\right)^\varepsilon - c_{m,i}\right] p_s \quad (4-30)$$

式（4-30）说明，随着收入的增加，消费者会倾向于在制造业产品消费水平提升的基础上，同时增加对服务业的消费，这意味着从绝对数量来看，收入的增加促进了消费者整体消费水平的提升。然而，从消费产品的组成即产品份额来看，消费者在服务业产品中的消费比重会更高。

4.2.3 市场均衡下的收入与劳动要素配置的部门份额

当市场出清时，经济中产品的相对价格是由相对技术决定的，并且两个部门的高技能工人和低技能工人的比例是相同的。因此，单独考察高技能劳动力数量变化对生产部门的影响，就可以知道高技能劳动力数量变化对两类居民收入的影响。由生产部门的生产函数 [式（4-17）和式（4-18）] 可知，两种劳动力的工资分别为：

$$w_L = \alpha A_m \left(\frac{EU}{L_S}\right)^{1-\alpha} \quad (4-31)$$

$$Ew_H = (1-\alpha) A_m \left(\frac{U}{L_S}\right)^{-\alpha} E^{1-\alpha} \quad (4-32)$$

式（4-31）与式（4-32）分别表示，非大学生工人获得的收入为 1 单位低技能劳动力的工资 w_L，而大学生则可以获得收入为 E 单位的高技能劳动力工资，即 Ew_H。这是因为非大学生工人只能提供 1 单位的低技能劳动力，而大学生工人则可以提供 E 单位的高技能劳动力。大学城的建设为本地带来了更多的高技能劳动力，同时由于高校间地理临近，能够加强面对面沟通，促进知识流动（Bonaccorsi & Daraio，2005），所以本地的劳动生产率也会得到提升，因此从理论上来讲，大学城建设应该会促进本地居民收入的提升。然而，考虑到 $\frac{\partial w_L}{\partial U} > 0$，$\frac{\partial w_L}{\partial E} > 0$，$\frac{\partial E w_H}{\partial U} < 0$，$\frac{\partial E w_H}{\partial E} > 0$，所以大学城建设对本地居民收入的影响存在一定的不确定性，需要后续实证研究提供经验证据。

当要素市场均衡与产品市场均衡一同构成一般均衡后，两个部门可以在给定的劳动力投入下生产并提供商品，但是两个部门的就业比例 κ 最终由居民的消费数量所决定。令制造业的产品为一般计价物，则服务业产品价格为 $p_s = A_m/A_s$，经济中的工业产品消费总量为：

$$C_m = c_{m,L}L + c_{m,U}U \tag{4-33}$$

服务业产品消费总量为：

$$C_s = c_{s,L}L + c_{s,U}U \tag{4-34}$$

由式（4-33）和式（4-34）可知，若大学城的建设可以提高两类居民的收入，则收入提升会通过居民的消费者决策提高服务业产品的消费比例。同时，在当前中国教育回报率显著为正的背景下（初帅和孟凡强，2017），大学生居民的收入水平应高于非大学生居民收入，因此，相对于非大学生居民，大学生居民对服务业消费的需求更高。综上，大学城的建设会提高本地的服务业消费份额，进而导致更多的劳动力进入服务业。

4.3 理论分析总结与待检验的事实

本章通过构建理论模型刻画了大学城建设对区域就业规模以及就业结构的影响，图4-1即本章的理论框架图。

从就业规模来看，大学城的建设对住宿、餐饮与娱乐等消费型服务业以及建筑业等制造业的需求产生直接的冲击，推动了区域内这些行业就业规模的增加，在本地形成了集聚。与此同时，大学城建设带来的人力资本积累能够产生知识溢出，通过劳动力就业规模的增加为本地形成厚实的劳动力市场以及知识溢出，大学城建设进一步通过"集聚-溢出"效应提升了本地其他行业的就业规模，从总体上扩大了本地的就业规模。

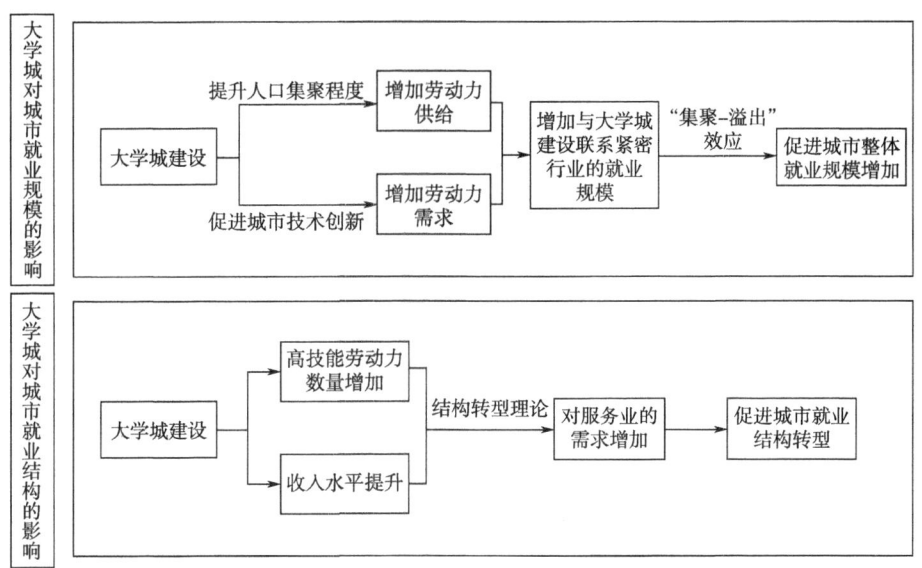

图 4-1 理论框架

从就业结构来看，大学城建设为本地提供了大量高水平人力资本积累，能够促进区域生产率的提升。由于不同行业间生产率提升的速度有差异，劳动力将从生产率提升较高的行业"挤"到生产率提升较低的行业。一般来说，制造业的生产率提升水平往往高于服务业，所以劳动力会从制造业向服务业转移。与此同时，生产率的提升会增加本地收入，考虑到服务业产品需求收入弹性最大，因此收入的增加会使消费者将更多地进行服务业消费，进一步促使劳动力由制造业向服务业转移。

基于上述理论分析，我们得出了以下几个待检验的实证命题：

第一，大学城的建设能够使其所在城市人口集聚的程度得到提升。这一实证命题来源于大学城建设对区域就业规模影响的理论分析部分，其中式（4-2）提出假设认为，大学城的建设增加了城市劳动力的供给。在行政区划相对稳定的背景下，城市劳动力供给增加势必会使得**城市人口集聚程度提升，而人口集聚程度又是影响后续分析的一个重要因素**。基于此，我们提出了大学城的建设能够使其所在城市人口集聚的程度得到提升的实证命题。

第二，大学城建设扩大了本地高等教育的规模，提升了本地的人力资本积累，并通过知识外溢效应促进了本地技术创新水平的提高。这一实证命题同样来源于大学城建设对区域就业规模影响的理论分析部分，其中，式（4-10）指出，大学城建设之所以能产生集聚效应，一个很重要的前提在于大学城的建设能够促进区域技术创新，从而将技术创新带来的效应溢出到其他行业，带动整个区域就业规模的增加。在式（4-10）后，我们论证了这一前提的合理性。基于此，我们提出大学城建设能够促进本地技术水平提升的实证命题。

第三，大学城建设从整体上扩大了本地就业规模，且对与大学城建设联系紧密行业的就业规模所起的促进作用更大，并进一步通过"集聚-溢出"效应带来其他行业就业规模的增加。这一实证命题来源于大学城建设对区域就业规模影响理论分析的总结，在这一部分的理论分析中，我们构建了包含溢出效应的集聚经济模型，从而提出大学城建设能够通过"集聚-溢出"效应促进区域内整体就业规模的增加。为了对上述理论分析的合理性进行验证，我们提出了大学城建设从整体上扩大了本地就业规模的实证命题。

第四，大学城建设通过收入效应促进本地劳动力由制造业向服务业转变，从而改变区域就业结构。这一实证命题来源于大学城建设对区域就业结构影响理论分析的总结，在这一部分的理论分析中，我们通过构建结构转型模型，从理论上解释了大学城建设对城市就业结构的影响。为了对上述理论分析的结果进行验证，我们提出了大学城建设能够促进其所在城市就业结构转型的实证命题。

接下来，本书第 5 至第 8 章将分别围绕上述四个命题展开实证研究，其中第 5 章将对大学城建设是否影响其所在城市的人口集聚程度进行实证检验；第 6 章将对大学城建设是否影响其所在城市技术创新水平进行实证检验；第 7 章将对大学城建设是否影响了城市就业规模，以及对不同行业间就业规模的影响程度和居民收入进行考察，以验证"集聚-溢出"效应。第 8 章对大学城建设是否影响了城市就业结构进行实证检验。

第5章　大学城建设对人口集聚的影响

上一章理论分析中式（4-2）表明，大学城建设想要促进城市就业规模增加的一个重要前提是大学城建设能够提升其所在城市人口集聚的程度。为了对这一前提进行验证，以保证理论分析的合理性，本章将对大学城建设与城市人口集聚的关系进行实证检验。

5.1　变量界定与描述性统计

本章的被解释变量为人口集聚，参考已有文献常用的做法，将人口密度作为衡量城市人口集聚的代理变量（王开泳和邓羽，2016；韩峰和李玉双，2019；初帅，2021），数据的主要来源为历年《城市统计年鉴》。本章核心解释变量为大学城建设，采用虚拟变量进行度量，数据来源于大学城数据集。为了控制城市特征所产生的影响，研究者选取了以年末总人口为代理变量的城市人口规模、以国内生产总值（GDP）为代理变量的城市经济水平，并选取了能够反映城市产业规模和结构的第二产业占 GDP 的比重和第三产业占 GDP 的比重，以及以当年实际使用外资金额为代理变量的对外开放水平作为控制变量。控制变量所用数据来源于历年《城市统计年鉴》《区域统计年鉴》。

本章的研究目标是考察大学城建设对地方人口密度的影响。为了实现这一目标，以城市和年份作为匹配变量，将大学城建造情况的数据与地级市的宏观数据进行了匹配。在匹配过程中，对变量缺失值进行了剔除。同时，考虑到数据的可得性，选取 1997—2016 年 274 个城市的面板数据作为研究对象，最终得到了 4 742 个有效样本。表 5-1 展示了上述变量的描述性统计，为了使系数更便于解释，对原始数据进行了对数转换。

表 5-1 描述性统计

变量名	变量定义	样本量	均值	标准差	最小值	最大值
人口密度	人口密度对数	4 742	13.63	1.229	10.386	18.052
大学城	是否建设大学城：1=是，0=否	4 742	0.087	0.282	0	1
人口规模	总人口对数	4 742	10.087	1.437	4.92	13.871
经济水平	国内生产总值（GDP）对数	4 742	16.271	0.949	12.306	18.873
第二产业规模	第二产业占 GDP 的比重	4 742	50.234	8.898	19.250	89.700
第三产业规模	第三产业占 GDP 的比重	4 742	38.806	8.672	8.500	75.840
对外开放	实际使用外资金额对数	4 742	10.362	1.587	3.135	14.152

5.2 实证策略

由于中国经济长期存在资源空间错配问题（陆铭，2017），不同城市或区域间的经济发展水平存在一定的差异。与经济发展水平类似，不同城市或区域间的高等教育水平也存在不同程度的差异，这些因素导致大学城在不同城市的建设时间存在先后差异。本书借鉴 Beck et al.(2010) 的做法，采用多期双重差分法（time-varying DID）考察不同时期、不同城市大学城建设对城市人口集聚的影响。与传统的 DID 相比，该方法可以用来识别控制组不在同一时间接受实验处理的情形，具体的回归模型设定如下：

$$\ln Density_{i,t} = \alpha + \theta \cdot UT_{i,t} + \gamma \cdot X_{i,t} + \mu_i + \lambda_t + \varepsilon_{i,t} \tag{5-1}$$

其中，$\ln Density_{i,t}$ 表示城市 i 在 t 年时地区人口密度的对数；$UT_{i,t}$ 表示城市 i 在 t 年时是否建设了大学城；$X_{i,t}$ 为城市 i 在 t 年时的一系列地区特征变量，具体包括以年末总人口为代理变量的城市人口规模、以 GDP 生产总值为代理变量的城市经济水平、以第二产业占 GDP 的比重为代理变量的第二产业规模、以第三产业占 GDP 的比重为代理变量的第三产业规模，以及以当年实际使用外资金额为代理变量的对外开放水平。μ_i 表示对城市 i 进行固定效应的控制，λ_t 表示对样本中不同时间进行固定效应的控制。ε 是误差项，同时，为处理异方差和自相关问题，使用城市层面的聚类标准误。系数 θ 是我们主要关心的整体的平均处理效应,其中 Y_{after} 为处理组处理期后的人口密度,Y_{before} 为处理组处理期前的人口密度,C_{after} 为控制组处理期后的人口密度,C_{before} 为控制组处理期前的人口密度:

$$\begin{aligned}\theta &= \{E[Density_1 \mid UT_{i,t}=1] - E[Density_1 \mid UT_{i,t}=0]\} \\ &\quad - \{E[Density_0 \mid UT_{i,t}=1] - E[Density_0 \mid UT_{i,t}=0]\} \\ &= (Y_{after} - Y_{before}) - (C_{after} - C_{before}) = (\theta + \lambda_t) - \lambda_t \\ &= (Y_{after} - C_{after}) - (Y_{before} - C_{before}) = (\theta + \mu_i) - \mu_i \end{aligned} \quad (5-2)$$

采用多期双重差分法时,需要特别注意平行趋势假设检验。对 θ 的无偏估计要求控制组(未建设大学城城市)能为处理组(建设大学城城市)提供合理的反事实,以反映处理组未实施干预时的状态。回归方程(5-1)中加入了一系列固定效应与控制变量可以缓解处理组和控制组之间的差异。具体的,μ_i 控制了城市层面的差异,λ_t 控制了时间维度产生的差异,一系列城市特征($X_{i,t}$)则进一步保证了控制组和处理组之间的相似性。除此之外,若要控制组和处理组之间能够具有可信的对比,则要求控制组和处理组在实施大学城建设的处理之前应该表现出同样的变化趋势。基于此,我们对平行趋势检验采用事件分析法进行了验证,回归方程如下:

$$\ln Density_{i,t} = \alpha + \sum_{k=-8}^{k=+8}\theta_k \cdot UT_{i,t+k} + \mu_i + \lambda_t + \gamma \cdot X_{i,t} + \varepsilon_{i,t} \quad (5-3)$$

其中,θ_k 代表干预在 k 年产生的影响;若 $k>0$,系数表示处理之后 k 期产生的影响;若 $k<0$,系数则表示处理之前 k 期产生的影响。其他变量定义参见方程(5-1)。这意味着 θ_k 能够展示当对处理组和控制组进行了控制变量、城市固定效应以及时间固定效应的控制后,两组之间存在的差异。如果平行趋势检验成立,则在大学城建设前,即当 $k \leq 0$ 时,β_k 系数不显著;$k > 0$ 时,β_k 系数显著且系数绝对值不为 0。

5.3 实证结果与稳健性检验

5.3.1 实证结果

表 5-2 汇报了多期双重差分估计结果。其中,列(1)展示了未对城市特征进行控制时,大学城建设对人口密度的影响。回归结果显示,

大学城的估计系数为 0.068，且通过了 1% 的显著性检验，这一结果意味着大学城建设能够显著促进城市人口集聚。列（2）展示了添加了一系列针对城市特征进行控制后的回归结果。不难发现，伴随着对城市特征进行控制，大学城变量的回归结果与列（1）相比并未发生明显的改变。这意味着大学城对城市人口集聚的促进作用并未受到城市其他特征的影响。

表 5-2　大学城建设对人口密度影响的基准结果

变量	（1）	（2）
大学城	0.068***	0.068***
	(0.009)	(0.010)
控制变量	No	Yes
城市固定效应	Yes	Yes
年份固定效应	Yes	Yes
样本量	4 742	4 742
R^2	0.984	0.985

注：（1）括号内数值为城市层面聚类的标准误。

（2）所有的回归结果均包含了城市固定效应与年份固定效应，为避免冗余，对控制变量与截距项的结果进行了省略，具体的回归结果详见附录 B 中表 B-1。

（3）***、**、* 分别表示在 1%、5%、10% 水平下显著。

5.3.2　稳健性检验

图 5-1 报告了回归方程（5-3）的估计系数 β_k 及其 95% 置信区间。可以发现，在建设大学城之前，所有估计值几乎都不显著，且估计值系数的绝对值大多接近 0，这意味着处理组和控制组在建设大学城前的发展趋势大体是相近的，支持了多期倍分法平行趋势的识别假设。而在大学城建设第三期后，估计系数出现了显著的增加，这是因为三年后大学城内的大学生毕业后开始进入劳动力市场。此外，可以发现，大学城建设对人口密度的促进作用随时间推移呈现逐年增加的趋势。至此，多期双重差分法的有效性得到了验证，在一定程度上保证了回归结果的稳健性。与此同时，另一个对回归结果稳健性的担心是：一些城市在高等教育与人口密度上有得天独厚的优势。例如，2015 年，北京市的高校数

量有90所,位列全国第一。同年北京市的人口密度为820人/平方公里,在全国所有城市中处于前10%。样本中这些城市的加入可能会"夸大"大学城建设的作用。为了尽可能得到准确的估计结果,我们将北上广深的样本进行了剔除和重新回归。结果显示,剔除上述四地样本后的结果并未对基准回归结论产生挑战①。

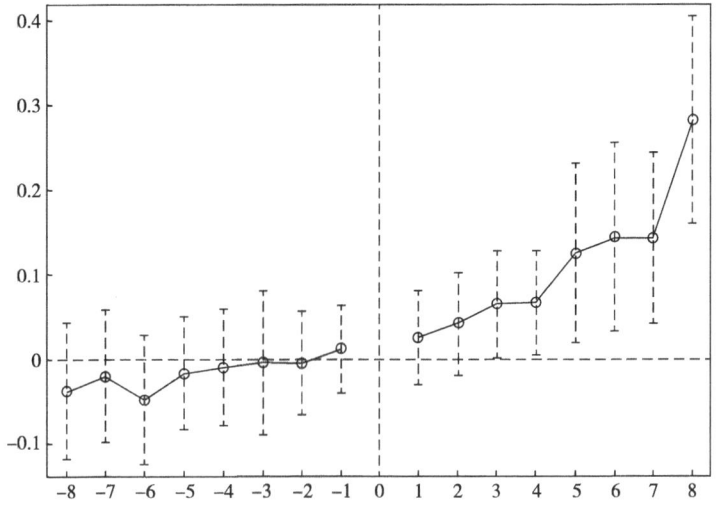

图5-1 大学城建设对人口密度影响平行趋势检验

5.4 机制分析

上文的分析已经稳健的说明,建设大学城能够提升当地人口密度。为了更好地理解这一结果,我们需要对大学城建设提升当地人口密度的机制进行探索。基于此,本节我们将通过流动人口吸引这一途径来考察大学城建设如何提升地方人口密度。实现地方人口密度的增加有两条途径:第一,改变地方的行政地理区划;第二,在地理区划不变的情况下增加人口。考虑到我国在国土面积一定的情况下,各级地市在改变行政地理区划时大多是进行"撤县设区"或"撤县设市"的发展思路,我

---

① 具体回归结果参见附录B中表B-2第(1)列。

们主要关注第二条途径。

中国人口早已转入"低出生率、低死亡率、低自然增长率"的阶段（蔡昉等，2001），于是地方人口总量的增加与人口密度的提升在很大程度上要依赖流动人口的流入。在此基础上，我们将方程（5-1）中被解释变量更换为地方人口净流入数量①进行了回归，并将结果展示在表 5-3 的第（1）列与第（2）列，其中第（2）列是剔除了北京、上海、天津、重庆、深圳、广州样本的结果。回归结果显示，大学城建设显著促进了地方人口净流入。具体地讲，与没有建设大学城的地区或时间相比，大学城的建设使得当地人口净流入 22 万人左右，这一效应至少在 10% 的水平上显著。这表明大学城的建设的确吸引了更多的流动人口。可能的原因是，大学城建设完成后会产生大量的消费需求，例如，超市、餐饮等服务业和娱乐业的需求尤其明显。为了保证大学城的正常运行，需要大量的从业人员满足上述消费需求，于是大量的外来人口开始涌入（Cermeño，2019）。此外，由于高等教育对学生生源没有地域限制，大量户籍非本地的大学生可能也是流动人口重要的组成部分。

表 5-3　大学城建设对人口密度影响的机制分析

变量	(1)	(2)
大学城	24.175**	21.039*
	(10.727)	(11.703)
控制变量	No	Yes
城市固定效应	Yes	Yes
年份固定效应	Yes	Yes
样本量	4 742	4 742
R^2	0.969	0.958

注：(1) 括号内数值为标准误，具体通过城市层面的聚类得到。

(2) 表中所有的结果都是在控制了城市的固定效应，并对代表时间的年份固定效应计算所得，为避免冗余，对控制变量与截距项的结果进行了省略，具体的回归结果详见附录 B 中表 B-2 的第 (2) 列与第 (3) 列。

(3) ***、**、* 分别表示在 1%、5%、10% 水平下显著。

---

① 地方人口净流入＝地方年末总人口－地方年末户籍人口，单位为万人，数据来源：《中国城市统计年鉴》。

5.5 异质性分析

上述结果报告了大学城建设对地方人口密度影响的平均效应，接下来我们分别从城市特征和大学城内学校特征两个维度进行异质性考察。

5.5.1 城市维度异质性分析

人口密度的差异是地区人口结构差异的重要指标。尽管我们在上述回归中对城市固定效应进行了控制，但是中国特殊的行政区划使得不同城市间有"天然"的差别。一般来说，省会、直辖市以及经济特区[①]代表了现代化城市，这些城市是中国超大、特大城市以及一线城市的主要组成部分。这些城市本身就有丰富的高等教育资源与较强的人口吸引力，那么，在这些城市是否有必要再去建造大学城，将高等教育集中起来？与此相对，非省会、直辖市、经济特区的城市在高等教育资源以及人口吸引力上有一定的劣势，那么，是否能通过建设大学城来缓解这一劣势，提升地方人口密度呢？因此，考察大学城建设对不同特征城市人口密度影响的差异具有一定的政策含义。

表 5-4 展示了大学城建设对人口密度影响的分样本回归结果。其中，列（1）展示了省会、直辖市以及经济特区城市样本的回归结果，列（2）展示了非省会、非直辖市以及非经济特区城市样本的回归结果。可以发现，大学城建设对非省会、直辖市、经济特区的城市影响程度很大且统计上非常显著，然而，对省会、直辖市、经济特区城市的影响很小且不显著（前者系数为 0.066，后者系数为 0.010）。这一结果表明，虽然平均而言大学城的建设会显著提升地方人口密度，但是这一影响效果主要来自非省会、直辖市、经济特区的城市。因此，大学城的

[①] 省会、直辖市、经济特区城市样本包含的城市有北京、天津、石家庄、太原、呼和浩特、沈阳、长春、哈尔滨、上海、南京、杭州、合肥、福州、南昌、济南、郑州、武汉、长沙、广州、深圳、南宁、海口、重庆、成都、贵阳、昆明、西安、兰州、西宁、银川、乌鲁木齐。非省会、直辖市、经济特区城市样本则为排除省会、直辖市、经济特区城市后的其余样本。

建设可能会缩小不同行政级别城市人口密度的差异，进而有助于缓解不同城市以及区域间发展不均衡的问题。

表 5-4　大学城建设对人口密度影响城市维度异质性

变量	省会等城市样本（1）	非省会等城市样本（2）
大学城	0.010	0.066***
	(0.015)	(0.012)
控制变量	No	Yes
城市固定效应	Yes	Yes
年份固定效应	Yes	Yes
样本量	1 146	3 596
R^2	0.969	0.958

注：(1) 括号内数值为标准误，具体通过城市层面的聚类得到。

(2) 表中所有的结果都是在控制了城市的固定效应，并对代表时间的年份固定效应计算所得，为避免冗余，对控制变量与截距项的结果进行了省略，具体的回归结果详见附录 B 中表 B-3。

(3) ***、**、* 分别表示在 1%、5%、10%水平下显著。

5.5.2　大学城维度异质性分析

大学城的主体是大学，与国外大学城自发形成不同，中国的大学城往往是政府主导、企业参与建设的。由于各地方政府建设大学城的目的以及城市间高等教育资源的差异，不同地区大学城内的学校结构也存在显著差异。根据中国高等教育机构的特点，我们主要从三个层面对学校特征进行划分：①大学城内是否包含精英大学。精英大学一般是指国家重点支持的大学或研究机构，在中国往往以学校是否入选"211 工程""985 工程"以及"双一流建设"为衡量标准（Jia & Li，2021）。②大学城内学校以 4 年制本科为主还是 3 年制大专或职业院校为主。不同学制的学校往往代表着人才培养目标的差异，以及人力资本积累的差异。一般来说，4 年制本科往往以培养学术型人才为目标，而 3 年制大专或职业院校以培养技术型人才为目标。在人力资本积累方面，一般认为 4 年制本科高于 3 年制大专或职业院校（Wang & Tang，2020）。③大学城内高校是否包含理工科（STEM，科学、技术、工程与数学）院校。理工科院校人才往往被认为是科技创新的主要驱动因素之一，对国家或地区竞争力提升、长期经济增长起到了至关重要的作用（宋弘和陆毅，2020）。这意味着，与没有理工科院校相比，如果大学城内包含了理工科院校，对人口密度提升的作用可能更明显。

表5-5展示了上述三个层面学校维度异质性分析的结果。首先，第（1）列与第（2）列展示了大学城中是否包含精英高校的异质性分析结果。我们可以发现，无论是否包含精英高校，大学城的建设都对地方人口密度都有显著的促进作用。然而，通过对系数绝对值的对比可以看出，包含了精英高校的大学城产生的影响更大。这可能是由于精英高校往往能提供本硕博不同阶段的人才，并且人才培养体系更为完善。这一方面为地方提供了更多的人力资本积累，另一方面在大学城内也起到了示范作用。其次，表5-5的第（3）列与第（4）列展示了以不同学制为主的大学城对地方人口密度的影响。总的来看，无论是哪种学制为主的大学城，都对当地的人口密度起到了显著的促进作用。通过进一步对比系数的绝对值，我们发现以4年制本科为主的大学城产生的作用更大，大约是3年制大专或职业院校为主大学城的2倍。最后，在表5-5的第（5）列与第（6）列展示了是否包含理工科院校的结果。与之前的预测一致，虽然不管大学城内是否包含理工科院校，都对地方人口密度有显著的促进作用，但是包含了理工科院校的大学城产生的作用大约是未包含理工科院校大学城的2倍。

表5-5 大学城建设对人口密度影响大学城维度异质性

变量	含精英高校（1）	不含精英高校（2）	以4年制院校为主（3）	以3年制院校为主（4）	含STEM院校（5）	不含STEM院校（6）
大学城	0.111*** (0.019)	0.053*** (0.010)	0.074*** (0.011)	0.032*** (0.009)	0.107*** (0.018)	0.046*** (0.009)
控制变量	Yes	Yes	Yes	Yes	Yes	Yes
城市固定效应	Yes	Yes	Yes	Yes	Yes	Yes
年份固定效应	Yes	Yes	Yes	Yes	Yes	Yes

续表

变量	含精英高校（1）	不含精英高校（2）	以4年制院校为主（3）	以3年制院校为主（4）	含STEM院校（5）	不含STEM院校（6）
样本量	1 948	2 794	1 976	2 766	1 926	2 816
R^2	0.984	0.988	0.984	0.989	0.984	0.989

注：(1) 括号内数值为标准误，具体通过城市层面的聚类得到。

(2) 表中所有的结果都是在控制了城市的固定效应，并对代表时间的年份固定效应计算所得，为避免冗余，对控制变量与截距项的结果进行了省略，具体的回归结果详见附录B中表B-4。

(3) ***、**、* 分别表示在1%、5%、10%水平下显著。

5.6 本章小结

本章利用1997—2016年中国274个地级及以上城市的面板数据，从效果与机制两个角度实证分析了大学城建设对人口集聚的影响。研究发现：第一，与没有建设大学城的城市相比，大学城建设显著促进了城市人口集聚，其增长幅度为6.8%。第二，机制分析表明，大学城建设通过为城市吸引了更多流动人口，促进了人口集聚。第三，大学城建设对人口集聚的影响存在显著的异质性：大学城的建设对非省会、直辖市、经济特区等经济基础发展较好城市的地方人口密度提升作用更大，同时，上述提升作用在包含精英高校、以4年制本科院校为主以及包含理工科院校的大学城中产生的效果更显著。针对可能存在的计量偏误，本书进行了一系列检验，结果均是稳健的。

至此，本章对第4章理论模型中大学城建设能够促进城市人口集聚的假设进行了验证，在接下来的章节中，将对理论模型中大学城建设能够提升城市技术创新水平的前提假设进行实证检验。

第6章　大学城建设对技术创新的影响

第4章理论分析中式（4-10）表明，大学城建设想要促进城市就业规模增加的另一个重要前提是大学城建设能够提升其所在城市的技术创新水平。为了对这一前提进行验证，以保证理论分析的合理性，本章将对大学城建设与城市技术创新的关系进行实证检验。

6.1　变量界定与描述性统计

6.1.1　变量界定

6.1.1.1　被解释变量

本章的被解释变量为技术创新。Carlino & Kerr（2015）指出，与研发支出、风险投资等指标相比，以专利作为衡量技术创新的指标具有独特的优势。一方面，专利是发明过程直接的成果。区分发明（invention）与创新（innovation）的关键在于发明是否被商业化（Schumpeter，1939），专利构成了一种法律权利，可以在一定时期内排除他人制造、使用或销售专利发明或工艺，因此，专利往往被认为是应用于商业化的基础，能够较为有效地识别创新活动。另一方面，专利数据是完全可用的，一般不受保密性限制，相关信息也不会被压缩。专利数据是在微观层面发布的，因此可以利用这种相对微小的颗粒度来详细描述发明活动。上述优势和容易获取的特点使专利数据成为大部分研究衡量技术创新的指标。在此基础上，参考卞元超等（2019）以及 Zheng & Li（2020）的做法，本书将城市层面的专利申请数量和专利授权数量作为衡量城市或区域技术创新的代理变量。采用城市层面数据主要基于以下两方面考量：一方面是因为在创新的定义中强调商业化的运行，一个想法或者产品的专利可能由一家公司产生，但是商业化的运行是以城市为单位的；另一方面，城市在空间上将实现创新的要素以及资源进行了集聚，同时也在空间层面为知识创造、流动以及应用提供了平台。在变量的具体设置上，将发明专利申请数量、外观设计专利申请数量以及实用新型专利申请数量在城市层面进行加总得到城市专利申请总量，将城市层面发明专利授权数量、实用新型专利授权数量以及外观设计专利授权数量加总得到城市专利授权总量。为了消除数据右偏分布的问题，本书将所有类型专利申请的数量以及所有类型专利授权的数量加1后取自然对数。数据主要来源于历年《城市统计年鉴》。

6.1.1.2 核心解释变量

本章的核心解释变量为大学城建设。在参考 Wang & Tang（2020）的研究基础上，本章以各城市大学城建成且首次投入使用为衡量标准。具体地，以城市内大学城第一批高校入驻的时间进行度量，在此时间之前的数值为 0，在此时间之后的数值为 1。同时，为了探索不同类型大学城对技术创新差异化影响的可能性，本书进一步统计了大学城内高校组成的信息，具体包括：

第一，是否包含精英大学。采用这一划分标准的逻辑在于，中国高等教育体系具有较为明显的分流特征，即不同类型高校培养出的人才专业技能有所差异（周扬和谢宇，2020）。高等教育体系分流的一个重要表现是将高校划分为精英院校与普通院校。精英院校相对于普通院校能够得到更多的科研经费与项目，有较强的科研能力，主要从事基础性研究工作，以选拔一流学生、培养精英人才为目标。普通院校的科研经费与项目相对精英院校更少，且更多地从事应用研究，是为高等教育大众化提供服务的主要机构。因此，精英院校对技术创新相对于普通院校可能会发挥更大的作用。在具体的设定中，本书参考初帅等（2022）的做法，将入选"985工程"、"211工程"以及"双一流计划"的院校作为精英院校，如果所在城市大学城内有精英院校，则赋值为 1，否则为 0。

第二，是否包含理工科院校。采用这一划分标准的逻辑在于，从高等教育发展历程来看，中国的高等教育体系深受苏联高等教育模式的影响。为了仿效苏联将高校划分为综合大学与专门大学的做法，1951年到 1953 年，教育部对中国的高校进行了重大的改革，即高等教育史上轰轰烈烈的"院系调整"运动。考虑到新中国成立初期迅速实现工业化与现代化的目标，专门大学尤其是理工类专门大学在这一时期得到了迅速发展。据统计，院系调整后中国共有182所大学，其中工业院校39所，是所有大学类型中数量最多的（胡娟娟，2009）。随着改革开放的不断深入，中国经济和社会实现了高速发展，各类高等教育改革也在不断推行。尽管综合大学与专门大学之间的差异已经缩小了很多，但是专门大学仍然是各细分领域人才供给的主要平台。考虑到理工科领域人才对于科技创新的重要作用，有必要按照是否包含理工科院校对大学城类型进行划分。在具体的设定中，本书将院校名称中包含"科技""理工""工程""航空""技术"等与理工科紧密相关的院校作为理工科院校，如果所在城市大学城内有理工科院校，则赋值为1，否则为0。

第三，是否以4年制普通大学为主。采用这一划分标准的逻辑在于，前文提到高等教育分流是目前中国高等教育体制的主要特点，实际上，对高校的划分方式除了精英大学与普通大学，还有一种方式是按照学制进行划分（周扬和谢宇，2020）。以学制为标准，中国的高校被划分为4年制普通大学和3年制高等职业学院和中等职业学院。其中，4年制普通大学主要提供学术导向的课程，多以培养学术型人才为目标。3年制职业院校主要提供应用导向的课程，注重培养技术型以及应用型人才。与3年制职业院校相比，4年制普通大学在科学研究领域的表现更活跃，实现对关键技术发明与突破的可能性更高。因此，有必要按照4年制普通大学在大学城中的比例对大学城类型进行划分。在具体的设定中，若大学城内4年制普通大学占大学城内高校总数一半及以上，则赋值为1，否则为0。

第四，大学城的规模。采用这一划分标准的逻辑在于，由于教育资源、经济发展在地理上存在较大的差异，大学城在各地的规模也存在较大的差异。例如，从分布来看，中国式大学城既分布在北京、上海、广州等一线城市，也分布在昆山、廊坊等二、三线城市；从占地规模来看，既有占地4 300公顷的广州大学城，也有占地180公顷的沈阳大学城；从大学城的招生规模来看，从2万人到25万人不等（Li et al., 2014）。不同规模的大学城意味着高等教育规模的差异，所以有必要按照大学城的规模对大学城的类型进行划分。在具体的设定中，本书设置了所在城市大学城内高校数量的变量来讨论大学城规模对技术创新的影响。上述所有与大学城相关的数据，均来源于大学城数据集。

6.1.1.3 控制变量

本书选取的控制变量主要包括：第一，城市的经济发展状况。经济发展状况会通过政策支持力度影响大学城的建设，本书利用 GDP 指数计算得到以 1994 为基期各城市人均 GDP 水平衡量不同城市的经济发展水平。第二，政府规模。政府规模会通过资金支持力度影响大学城的建设，本书以各城市当年财政支出金额衡量政府规模。第三，对外开放度。对外开放度的差异会影响城市的产业结构，从而影响技术创新水平，本书以各城市经过当年汇率转换得到的外商直接投资金额衡量对外开放度。第四，城市规模。城市规模的大小会影响本地劳动力市场规模，从而对技术创新产生影响，本书采用年末总人口数量衡量城市的规模。第五，人口集聚。人口集聚的程度会影响经济活动的交易成本，从而影响技术创新水平，本书以各城市当年人口密度进行衡量。为了使回归结果便于解释，作者采用与被解释变量相同的做法，对上述变量的具体数值加 1 后取自然对数。数据来源主要为历年的《中国城市统计年鉴》，同时通过《中国区域统计年鉴》以及 EPS 数据库等对数据进行了补充。

6.1.2 描述性统计

通过剔除缺失值，本章采用 1997—2016 年 274 个城市面板数据进行实证研究。表 6-1 的描述性统计显示，专利申请总量的平均值约为 498 个（$e^x - 1$），专利授权总量的平均值约为 365 个。在所有的样本中，有 8.7%的样本完成了大学城的建设。控制变量的描述性统计显示，政府规模在不同城市、不同时期的变化幅度较大（标准差为 1.934），经济水平在不同城市、不同时期的变化幅度相对较小（标准差为 0.592）。城市规模与人口密度的差异表现出类似的变化趋势，对外开放程度的绝对差异则相对较小（最大值为 8.129，最小值为 3.627）。

表 6-1 描述性统计

变量	变量定义	样本量	均值	标准差	最小值	最大值
专利申请	年度专利申请数量对数	4 742	6.212	1.795	1.386	12.019
专利授权	年度专利授权数量对数	4 742	5.902	1.762	1.386	11.535
大学城	是否建设大学城：1=是，0=否	4 742	0.087	0.282	0	1

续表

变量	变量定义	样本量	均值	标准差	最小值	最大值
经济水平	人均 GDP 对数	4 742	8.444	0.592	4.14	11.162
政府规模	当年财政支出金额对数	4 742	11.342	1.934	4.416	16.835
对外开放	外商直接投资金额对数	4 742	5.913	0.64	3.627	8.129
城市规模	年末总人口对数	4 742	10.087	1.437	4.92	13.871
人口集聚	人口密度对数	4 742	13.63	1.229	10.386	18.052

6.2 实证策略

由于各地经济发展水平与高等教育资源的差异，大学城的建设时间也存在先后差异。本书借鉴 Beck et al.（2010）的做法，采用多期双重差分法（time-varying DID）考察不同时期、不同城市大学城建设对城市创新的影响。与传统的 DID 相比，该方法可以用来识别控制组不在同一时间接受实验处理的情形，具体的回归模型设定如下：

$$Y_{it} = \alpha_0 + \beta UT_{it} + \gamma X_{it} + \lambda_t + \eta_i + \varepsilon_{it} \tag{6-1}$$

其中，Y_{it} 为区域 i 在 t 期的城市创新水平，分别采用专利申请与专利授权进行衡量。UT_{it} 为标识大学城建设情况变量，当城市 i 在 t 年建设了大学城时取值为 1，否则为 0。X_{it} 是一系列城市特征控制变量，具体包括：以各城市当年财政支出金额衡量的政府规模；以各城市经过当年汇率转换得到的外商直接投资金额衡量的对外开放度；以年末总人口数量衡量的城市规模。以各城市当年人口密度衡量的人口集聚程度。λ_t 为年份固定效应，η_i 为城市固定效应，ε_{it} 为扰动项。β 是我们关心的主要系数，反映了大学城建设对城市创新水平的影响。同时，为处理异方差和自相关问题，使用城市层面的聚类标准误。

采用多期双重差分法的一个重要识别假设是，控制组要能够为处理组提供合理的反事实，以反映处理组在未受到处理时的状态。因此，回归方程中加入了一系列固定效应和控制变量来缩小控制组和处理组之间的差异。如果控制组能够作为处理组理想的"反事实"分析场景，则两者的城市创新水平在大学城建设之前应该保持较为一致的发展方向。

为此，我们利用事件分析法（event study analysis）进行平行趋势检验，具体模型设定如下：

$$Y_{it} = \alpha_0 + \sum_{k=-8}^{8} \beta_k \cdot UT_{it}^k + \gamma X_{it} + \lambda_t + \eta_i + \varepsilon_{it} \tag{6-2}$$

其中，k 代表大学城从建设年份开始的时间差，如果 k 为负数，则表示设立前的年数，如果 k 为正数，则表示设立后的年数。其余变量定义与式（6-1）相同。如果平行趋势检验成立，则在大学城建设前，即当 $k \leq 0$ 时，β_k 系数不显著；$k > 0$ 时，β_k 系数显著且系数绝对值不为0。

6.3 实证结果与稳健性检验

6.3.1 实证结果

表6-2汇报了多期双重差分估计结果，列（1）与列（2）展示了被解释变量为专利申请数量对数时的回归结果，其中列（2）为加入城市特征控制变量后的回归结果。可以发现，列（1）与列（2）中大学城的回归系数均至少在5%的水平上显著为正，并且回归结果无论在系数数值还是显著性上，都表现出相似的结果，这在一定程度上表示回归结果是稳健的。同样的，列（3）与列（4）分别展示了是否控制城市特征条件下大学城建设对专利授权的影响。可以发现，无论是否加入城市特征控制变量，大学城建设对专利授权的影响系数均未发生明显变化。以上结果说明，大学城建设显著促进了城市创新水平的提升。列（2）与列（4）的结果显示，大学城建设对专利申请和专利授权影响的程度几乎相同，这可能意味着大学城建设对城市创新的数量与质量均起到了显著的促进作用。

表6-2 大学城对技术创新影响基准回归结果

变量	专利申请		专利授权	
	(1)	(2)	(3)	(4)
大学城	0.163**	0.192***	0.171**	0.185**
	(0.078)	(0.071)	(0.080)	(0.074)

续表

变量	专利申请		专利授权	
	(1)	(2)	(3)	(4)
控制变量	No	Yes	No	Yes
城市固定效应	Yes	Yes	Yes	Yes
年份固定效应	Yes	Yes	Yes	Yes
样本量	4 742	4 742	4 742	4 742
R^2	0.950	0.953	0.952	0.954

注：(1) 括号内数值为标准误，具体通过城市层面的聚类得到。

(2) 表中所有的结果都是在控制了城市的固定效应，并对代表时间的年份固定效应计算所得，为避免冗余，对控制变量与截距项的结果进行了省略，具体的回归结果详见附录 C 中表 C-1。

(3) ***、**、* 分别表示在 1%、5%、10%水平下显著。

6.3.2 稳健性检验

6.3.2.1 平行趋势检验

图 6-1 报告了估计系数 β_k 及其 95%置信区间，其中，左图展示了被解释变量为专利申请时的回归结果，右图展示了被解释变量为专利授权时的回归结果。两图均显示，在大学城建成前，几乎所有估计值均不显著，且数值大多接近于零。说明实验组和控制组的创新水平在大学城设立前发展趋势是大体相似的，支持了多期双重差分法平行趋势的识别假设。而在大学城建成一期后，估计系数均显著为正，这说明大学城建设对城市创新水平能起到持续的促进作用。此外，系数的变化呈现出先上升后平稳的趋势，这说明大学城建设对城市创新水平提升的边际作用在初期有较大的影响。

6.3.2.2 改变回归样本

大学城的建设需要巨额的资金投入以及强有力的政策支持，由于不同城市间科教资源存量、经济发展水平以及政策支持力度存在较大的差异，大学城往往会建设在高等教育资源丰富、经济社会发展水平高以及政策支持力度强的城市，这就导致建设大学城的城市并非是一个完全随机的选择过程，从而导致基准模型可能产生选择偏误。为了对这一问题进行缓解，本书通过改变回归的样本来进行稳健性检验。首先，我们将

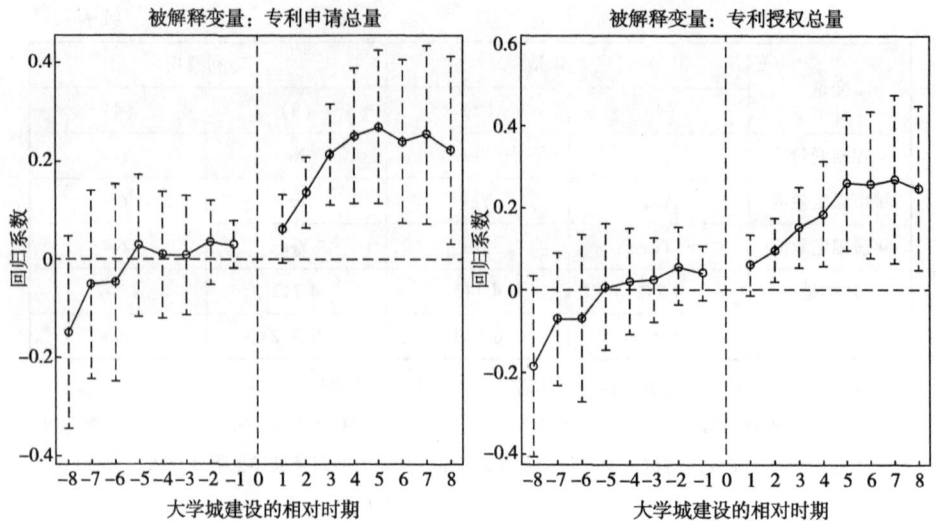

图 6-1 大学城建设对技术创新影响平行趋势检验

北京、上海、广州以及深圳四所城市从样本剔除进行重新回归。这是因为，上述四座城市是中国科教资源最丰富、经济社会发展水平最高以及创新基础条件最好的城市，并且均在城市内建设了大学城。将这四所城市放入回归样本可能会稀释大学城对城市创新的影响，从而使估计结果出现向下的偏误。其次，仅将有大学城以及与大学城相邻的城市作为回归样本。这是因为，一些区域由于科教资源匮乏以及经济发展水平较低等原因，无力在区域内兴建大学城，如果将这些区域内的城市加入样本，可能会夸大大学城对城市创新的影响，从而使估计结果出现向上的偏误。基于此，本书通过从样本中剔除北京、上海、广州和深圳四座城市，以及将样本限制在大学城以及与大学城相邻的城市两种方式改变了回归样本，对基准模型重新进行了回归，并展示在表6-3中。

表6-2的基准结果显示，当控制了城市固定效应、时间固定效应以及一系列城市特征的控制变量后，大学城建设对专利申请的影响系数为0.192，并在1%的水平上显著。表6-3的结果则表明，同样在控制了城市固定效应、时间固定效应以及一系列城市特征的控制变量后，剔除北京、上海、广州和深圳四座城市后的样本中，大学城建设对专利申请的影响系数为0.167，并在10%的水平上显著；仅将有大学城城市以及与其相邻城市作为回归样本时，大学城建设对专利申请的影响系数为

0.212，并在5%的水平上显著。不难发现，尽管显著性和系数的绝对值略有变化，但是大学城建设能够显著促进专利申请数量增加这一结论并未受到挑战。与此相同的，表6-2的结果显示，当对所有可能导致控制组与处理组产生偏误的变量进行控制后，大学城建设对专利授权的影响系数为0.185，并且在5%的水平上显著。表6-3的结果则表明，同样在控制了城市固定效应、时间固定效应以及一系列城市特征的控制变量后，剔除北京、上海、广州和深圳四座城市后的样本中，大学城建设对专利申请的影响系数为0.162，并且在5%的水平上显著；仅将有大学城的城市以及与其相邻城市作为回归样本时，大学城建设对专利申请的影响系数为0.167，并且在10%的水平上显著。与专利申请的结果类似，尽管显著性和系数的绝对值略有变化，然而大学城建设能够显著促进专利授权数量增加的结论并未受到挑战。

表6-3 大学城对技术创新影响改变回归样本稳健性检验

变量	专利申请		专利授权	
	剔除北上广深	限制在相邻城市	剔除北上广深	限制在相邻城市
	(1)	(2)	(3)	(4)
大学城	0.167**	0.212**	0.162**	0.167*
	(0.077)	(0.093)	(0.081)	(0.091)
控制变量	Yes	Yes	Yes	Yes
城市固定效应	Yes	Yes	Yes	Yes
年份固定效应	Yes	Yes	Yes	Yes
样本量	4 661	2 511	4 661	2 511
R^2	0.950	0.959	0.950	0.957

注：(1) 括号内数值为标准误，具体通过城市层面的聚类得到。

(2) 表中所有的结果都是在控制了城市的固定效应，并对代表时间的年份固定效应计算所得，为避免冗余，对控制变量与截距项的结果进行了省略，具体的回归结果详见附录C中表C-2。

(3) ***、**、* 分别表示在1%、5%、10%水平下显著。

6.3.2.3 控制省-年固定效应

在表6-2展示的基准回归中，我们对可能导致处理组与控制组产生偏误的城市特征以及时间和城市固定效应进行了控制。但是由于自由度的原因，我们还需要排除各省随时间变化因素的影响。这背后的逻辑是：一方面，高校的招生以及经费投入等指标和发展计划往往是以省为单位进行建设；另一方面，大学城的建设也往往由省一级政府牵头，地市一级政府只承担具体实施工作。由于高等教育资源以及经济发展水平在省一级存在较大差异，所以不同省份对大学城建设的支持力度也存在差异。如果不控制这一因素，那么它的影响可能会反映在我们的核心解释变量中。基于此，本书通过在原始回归方程中控制省份与年份交互的固定效应对基准模型重新进行了回归，并将专利申请与专利授权分别作为被解释变量的回归结果在表6-4的列（1）与列（2）进行了展示。

可以发现，当控制了省-年固定效应后，大学城建设对专利申请的影响系数为0.186，并且通过了1%的显著性检验。与表6-2所展示的基准结果相比，控制了省-年固定效应后，大学城变量在显著性和绝对值上并未发生明显的改变。进而，在控制了省-年固定效应后，大学城建设对专利授权的影响系数为0.180，并且在1%的水平上显著。与表6-2的基准结果相比，其回归系数的显著性和绝对值也未发生明显的改变。

6.3.2.4 更换衡量创新的指标

尽管专利是作为衡量创新最常用也是认可度最高的指标，但专利更多的是反映创新的结果，这就导致仅利用专利这一个指标无法对创新进行全面的评价。所以，通过跨界和多维度评价，能够更为客观和真实地反映我国城市创新的质量（张晓波等，2015；毛文峰和陆军，2020）。基于此，本书借助由北京大学企业大数据研究中心、龙信数据研究院和企研数据联合编制完成的朗润龙信中国区域创新创业指数（后文简称"创新指数"）中城市创新总得分，以及城市创新人均得分作为测度城市创新水平的替换变量[①]，将其作为基准回归模型（1）中的被解释变量进行回归。回归结果展示在表6-4的第（3）列与第（4）列。

---

① 受文章篇幅所限，关于该指数具体的编制方式以及各级指标的定义、权重等信息，请参考北京大学企业大数据研究中心《中国区域创新创业指数2020》。

表 6-4 大学城对技术创新影响其他稳健性检验

变量	控制省-年固定效应		更换城市创新水平测度方法	
	专利申请（1）	专利授权（2）	总得分（3）	人均得分（4）
大学城	0.186***	0.180***	2.645**	2.919***
	(0.031)	(0.032)	(1.032)	(1.069)
控制变量	Yes	Yes	Yes	Yes
省-年固定效应	Yes	Yes	No	No
城市固定效应	Yes	Yes	Yes	Yes
年份固定效应	Yes	Yes	Yes	Yes
样本量	4 742	4 742	4 645	4 645
R^2	0.954	0.955	0.870	0.914

注：(1) 括号内数值均为标准误，其中列（1）与列（2）是通过计算异方差稳健的标准误得到，列（3）与列（4）则是通过城市层面的聚类得到。

(2) 表中所有的结果都是在控制了城市的固定效应，并对代表时间的年份固定效应计算所得，为避免冗余，对控制变量与截距项的结果进行了省略，具体的回归结果详见附录 C 中表 C-3。

(3) ***、**、* 分别表示在 1%、5%、10% 水平下显著。

通过对回归结果进行观察可以发现，与未建设大学城时相比，大学城的建设能够使城市创新水平的总得分提升 2.645 分，并且这一结果在 5% 的水平上显著。与此同时，与未建设大学城时相比，大学城的建设能够使城市创新水平的人均得分提升 2.919 分，且这一结果在 1% 的水平上显著。

至此，通过将北上广深四座城市从样本中剔除，以及仅将有大学城以及与大学城相邻的城市作为回归样本进行的回归样本更换，在原始回归方程中控制省份与年份交互的固定效应，以及更换衡量创新的指标，本书对 6.3.1 部分实证结果的稳健性进行了检验，所有的结果均稳健地证明了大学城建设对技术创新具有显著的促进作用。下一节将进行机制分析。

6.4 机制分析

上文的分析已经稳健地证明，大学城建设能显著提升城市创新水平。在此基础上，为了更深入地了解上述结果，有必要对影响机制进行探索。本节我们将对大学城建设影响城市创新的具体渠道进行分析。

第一，大学城建设能够让地方政府对创新所需资源进行更多投入，从而在城市内实现创新要素规模的增加以及要素在空间的集聚，进而实现城市创新水平的提升。一方面，大学城的建设需要图书馆、教学楼以及实验室等大量教学基础设施的投入，高校基础设施的建设与规模的扩大能够促进知识生产的效率，从而为城市创新活动提供相应的基础知识与共性技术，保障创新活动的基础知识供给。另一方面，在建设大学城的过程中，地方政府往往会通过建立创新基地、服务平台以及产业园等形式，为高校、研究所等机构提供科研成果转化所需要的服务，以此实现科研成果能够顺利地向周边以及市场进行流动（Cai & Liu，2015）。

第二，大学城建设加强了城市对企业的吸引，使更多的企业在本地入驻，有利于促进以企业为主体的城市创新体系的形成。一方面，由于基础知识研究或者共性技术的研发往往会表现出较强的外部性，同时高昂的投入与较小的直接经济收益使得作为市场主体的企业往往不愿意在这些领域进行过多的投入（林毅夫，2017），尤其是初创企业与中小企业，往往通过借助高校的实验室与研究人员进行研发活动，因此，企业往往会选址在距离高校或者研究机构较近的位置（Audretsch & Feldman，2004）。另一方面，由于大学城往往建在市郊区域，土地成本较低。同时，为了满足规模庞大的师生群体的生活需求，大学城周边也衍生了较为完善的商业服务形态，这使得企业选址在大学城附近能够在满足各项需求的情况下以较低的成本运营。大学城的建设能够吸引企业选址在当地，企业作为市场中创新的主体，其入驻与集聚能够帮助城市实现创新水平的提升。

第三，大学城建设能够为城市增加人才供给，强化城市人力资本积累，提高城市创新水平。一方面，大学城建设的初衷是满足高校容纳扩招政策带来的大规模招生需求，大学城建设释放了扩招政策的潜力，为地方带来了大量的大学生与研究、教学人员，增加了城市内人力资本的存量。另一方面，政府在大学城建设中对创新资源的投入以及企业的入驻会使城市成为创新资源要素集聚的核心，并且相对完善与低成本的商业服务形态能够很好地满足个体的生活需求，因此城市会吸引更多的人才来本地，进一步促进人力资本在当地的集聚，形成厚实的劳动力市场，提升城市的创新水平。综上，将大学城建设对城市创新水平的影响机制展示在图 6-2 中。

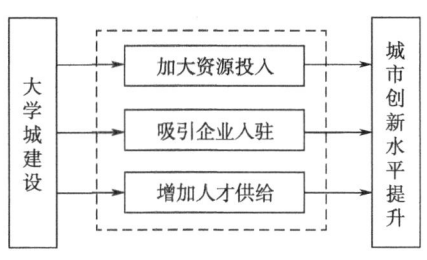

图 6-2　影响机制

为了验证大学城建设是通过上述机制影响城市创新水平，本书借鉴 Baron & Kenny（1986）等的分析思路，在式（6-1）的基础上增加式（6-3）与式（6-4）构建回归模型：

$$M_{it} = \alpha_1 + \beta_1 UT_{it} + \gamma_1 X_{it} + \lambda_t + \eta_i + \varepsilon_{it} \tag{6-3}$$

$$Y_{it} = \alpha_0 + \beta_2 UT_{it} + \gamma_2 X_{it} + \varphi M_{it} + \lambda_t + \eta_i + \varepsilon_{it} \tag{6-4}$$

其中 M_{it} 为机制变量，本书从资源投入、企业入驻以及人才供给三个方面加以考虑，其余变量定义与式（6-1）相同。

第一，对资源投入的量化，李政和杨思莹（2019）等研究认为，政府参与技术创新的主要手段是通过财政科技支出进行的。我们借用上述指标来反映政府对创新资源的投入，数据来源于《中国城市统计年鉴》。第二，对企业入驻的量化，以往对入驻城市企业数量的考察集中于规模以上企业，但中小微企业以及创业期企业的创新活跃度往往更高。为了全面衡量城市企业入驻的情况，本书借助创新指数中各城市每年新增企业数量的对数来反映城市企业入驻情况。第三，对人才供给的量化，何小钢等（2020）认为，不同产业之间从业者受教育水平往往具有较大差异，将第三产业从业人员视为高质量人力资本具有一定的合理性，因此本书利用第三产业从业人员数量的对数来反映城市人才供给状况，数据来源于《中国城市统计年鉴》。

对式（6-1）、式（6-3）与式（6-4）构建的模型进行回归，并基于 Sobel 方法检验其影响机制的显著性，结果如表 6-5 所示。Panel A 的列（1）展示了大学城对政府财政科技支出的影响，列（2）与列（3）分别展示了大学城、政府财政科技支出对专利申请和专利授权的回归结果。其中，Panel A 的列（1）显示，大学城对政府财政科技支出的影响在1%的水平上显著为正，说明大学城建设的确强化了政府对创新资源的投入。Panel A 的列（2）与列（3）显示，政府财政科技支出对专利申请和专利授权的影响均在1%的水平上显著为正，说明创新资源投入的提升能够有效促进城市创新水平的提升。大学城建设对专利申请和专利授权的影响至少在10%的水平上显著为负，这意味着政府财政科技支出可能存在遮掩效应（温忠麟和叶宝娟，2014）。具体来说，如果大学城建设后，政府没有继续进行财政科技支出以实现对城市创新资源的投入，那么大学城建设将不会对城市创新起到促进作用，反而可能拉低城市创新表现。现实中，中国第一座大学城——廊坊东方大学城——在建设初期吸引了北京航空航天大学、中国地质大学、中国社会科学院研究生院等近60所院校的入驻，高峰时期学生规模超40万名，占地规模达300万平方米。然而，由于后续政府财政投入不足、管理缺失等问题导致资金链断裂，大学城内高校纷纷搬迁。时至今日，大学城内仅有9所院校，且以提供高等职业教育和成人教育为主。这一结果具有重要的政策含义：大学城建设不是"一锤子买卖"，需要长期与之相适应的配套政策与财政支持才能发挥大学城应有的作用。

表6-5的Panel B 展示了对企业入驻进行检验的结果。其中，列（1）展示了大学城对城市新建企业数量的影响。结果显示，回归系数通过了5%的稳健性检验，表明大学城建设显著促进了企业在当地的入驻。列（2）与列（3）分别展示了大学城、新建企业数量对专利申请和专利授权的回归结果。与表6-2的回归结果相结合，大学城对专利申请与专利授权的直接效应分别为0.192与0.185，而新建企业数量对专利申请与专利授权的影响均显著为正，分别为0.021与0.032，这说明当被解释变量为专利申请与专利授权时，新建企业数量的机制效应分别为0.002与0.004，约占总效应的1%和2%。Sobel 检验结果均在1%的水平上显著，证实了吸引企业入驻机制的存在。

表6-5的Panel C 展示了对人才供给进行检验的结果。其中，列（1）展示了大学城对城市第三产业从业人员数量的影响。不难发现，大学城的回归系数为正，并通过了1%的显著性检验，这表明大学城建设显著促进了城市内第三产业从业人员数量的增加。列（2）与列（3）分别

展示了大学城和第三产业从业人员数量对专利申请以及专利授权的回归结果。与表6-2基准回归的结果相比对，可以发现，大学城建设对专利申请与专利授权的直接效应分别为0.192与0.185，而第三产业从业人员数量对专利申请与专利授权的影响均显著为正，分别为0.232与0.265，这说明当被解释变量为专利申请与专利授权时，人才供给的机制效应分别为0.044与0.05，约占总效应的23%和27%。Sobel检验结果进一步证实了人才供给机制的存在。

表6-5 大学城建设对技术创新影响机制分析

	（1）	（2）	（3）
Panel A：加大资源投入机制			
变量	财政科技支出	专利申请	专利授权
大学城	0.183***	-0.121*	-0.146**
	(0.070)	(0.066)	(0.064)
财政科技支出		0.266***	0.245***
		(0.029)	(0.027)
Sobal检验		0.628 ($Z=25.57$, $P=0.00$)	0.638 ($Z=25.58$, $P=0.00$)
样本量	3189	3189	3189
R^2	0.948	0.967	0.967
Panel B：吸引企业入驻机制			
变量	新建企业	专利申请	专利授权
大学城	0.113**	0.182**	0.174**
	(0.057)	(0.081)	(0.084)
新建企业		0.021**	0.032***
		(0.010)	(0.009)
Sobal检验		0.281 ($Z=17.93$, $P=0.00$)	0.288 ($Z=18$, $P=0.00$)
样本量	4645	4645	4645
R^2	0.311	0.950	0.951

续表

	(1)	(2)	(3)
Panel C：增加人才供给机制			
变量	第三产业从业人数	专利申请	专利授权
大学城	0.189***	0.149**	0.133*
	(0.032)	(0.072)	(0.076)
第三产业从业人数		0.232***	0.265***
		(0.076)	(0.084)
Sobal 检验		0.281 ($Z=17.93$, $P=0.00$)	0.288 ($Z=18$, $P=0.00$)
样本量	4 668	4 668	4 668
R^2	0.952	0.953	0.954

注：(1) 括号内数值为标准误，具体通过城市层面的聚类得到。

(2) 表中所有的结果都是在控制了城市的固定效应，并对代表时间的年份固定效应计算所得，为避免冗余，对控制变量与截距项的结果进行了省略，具体的回归结果详见附录 C 表 C-4。

(3) ***、**、* 分别表示在 1%、5%、10% 水平下显著。

6.5 异质性分析

6.5.1 城市维度异质性

6.5.1.1 城市等级异质性

不同行政等级的城市在经济发展程度、人口吸引能力、创新资源丰度等方面存在明显差异，这些差异可能会使大学城建设的效果在不同城市间表现出异质性。一般来讲，高等级城市①的高等教育资源较为丰富，政策支持力度也较大，往往会率先进行大学城建设。在大学城建设浪潮中，相对于一般城市，高等级城市往往经济发展水平较高，对人口吸引能力较强，城市规模较大，所以创新活动也更活跃（朱旭峰和张

---

① 为了便于表述，本书将高等级城市定义为直辖市、省会城市以及副省级城市。其他城市定义为一般城市。

友浪，2015）。本书通过设置表示城市等级的哑变量以及城市等级哑变量和大学城虚拟变量的交互项（城市等级交互项），并代入式（6-1）进行回归，结果展示在表 6-6 的第（1）列和第（2）列。

通过对回归结果进行解读，可以发现大学城的回归系数在 1% 的水平上显著为正，而大学城与城市等级交互的系数对专利申请和专利授权的影响均为负，并且对专利授权的负向影响在 10% 水平上显著。这说明与高等级城市相比，大学城建设对城市创新的作用在一般城市有更显著的促进作用。而出现这一现象的原因可能是，一般城市处于技术创新的起步阶段，边际投入产出率较高，城市内科教资源相对匮乏，城市创新体系有待完善，因此相对于高等级城市，一般城市具有后发优势，大学城建设带来的高校空间集聚能够为城市提供大量急需的人力资本，充分挖掘城市创新潜能，带动各类创新要素集聚，对城市创新水平的提升具有更大的边际作用。

6.5.1.2 城市区位异质性

东部地区具有较好的产业基础、丰富的科教资源，而且大部分省份都有沿海城市。与东部地区相比，中部地区和西部地区工业化程度较低，产业结构也主要以第一产业或二产业为主导。同时，与东部地区便利的交通设施相比，中部地区和西部地区的交通设施仍在完善阶段。这些因素都导致从区位优势的角度来看，东部地区城市相比于中部地区和西部地区城市拥有更明显的区位优势。由于城市在不同区位导致的初始差异可能会使得大学城建设对城市创新的影响在这一层面产生一定的异质性，为了对这种潜在的异质性进行考察，我们构建了城市区位的哑变量，将位于东部地区的城市赋值为 1，位于中部以及西部地区的城市[①]赋值为 0，并与大学城虚拟变量相乘，构造了城市区位交互项，并代入式（6-1）进行回归，结果展示在表 6-6 中第（3）列与第（4）列。

通过对回归结果进行解读，可以发现交互项的回归结果为正，说明大学城显著促进了东部地区城市创新水平的提升，但是大学城虚拟变量的回归结果并不显著，而且符号为负。这一结果可能意味着大学城建设会产生马太效应。具体来讲，对东部地区来说，高校空间集聚能形成创新要素集聚，促进区域创新水平的提升，但是对中西部城市来说，尽管

---

① 黑龙江、吉林与辽宁在内的东北地区样本没有加入回归中。

大学城形成的高校空间集聚在一定程度上促进了区域内创新要素集聚，但这依然无法显著催化大学城建设对区域创新活动的影响，东部地区大学城的数量与规模远大于中西部地区①，这增加了中西部地区创新要素流失的风险。

表 6-6 大学城建设对技术创新影响城市特征异质性分析

变量	城市等级		城市区位		科教资源	
	(1)	(2)	(3)	(4)	(5)	(6)
	专利申请	专利授权	专利申请	专利授权	专利申请	专利授权
大学城	0.281**	0.295***	−0.014	−0.034	−0.167	−0.111
	(0.109)	(0.108)	(0.093)	(0.102)	(0.120)	(0.115)
城市等级交互项	−0.180	−0.223*				
	(0.128)	(0.135)				
城市区位交互项			0.350***	0.372***		
			(0.118)	(0.128)		
规模交互项					0.111***	0.088**
					(0.035)	(0.035)
控制变量	Yes	Yes	Yes	Yes	Yes	Yes
城市固定效应	Yes	Yes	Yes	Yes	Yes	Yes
年份固定效应	Yes	Yes	Yes	Yes	Yes	Yes
样本量	4 742	4 742	4 742	4 742	1 001	1 001
R^2	0.954	0.953	0.953	0.954	0.967	0.969

注：(1) 括号内数值为城市层面聚类的标准误。

(2) 所有的回归结果均包含了城市固定效应与年份固定效应，为避免冗余，对控制变量与截距项的结果进行了省略，具体的回归结果详见附录 C 表 C-5。

(3) ***、**、* 分别表示在 1%、5%、10% 水平下显著。

6.5.1.3 城市科教资源异质性

高校作为人才培养和科研活动的重要基地，是构成大学城的主体，城市内高校资源的差异必定会影响大学城建设的效果。考虑到高校数量

---

① 根据作者收集数据显示，东部地区建设了 34 座大学城，而中部与西部地区共建设了 26 座大学城。

与规模是衡量科教资源丰富程度的重要指标（吴东照和王运来，2020），在考虑数据可得性的基础上，本书构建了大学城内高校数量与大学城虚拟变量的交互项（规模交互项），代入式（6-1）进行回归，结果展示在表6-6的第（5）列与第（6）列。

通过对回归结果进行解读，可以发现规模交互项的系数在1%的水平上显著为正，而大学城虚拟变量的系数则不显著，且符号为负。这一结果依然可以从马太效应的角度加以分析，即科教资源丰富的城市在大学城建设后进一步扩大了创新要素的规模，并且高校空间集聚也带来了创新要素的集聚，同时实现了规模效应与集聚效应。而对科教资源相对匮乏的城市而言，尽管大学城建设在一定程度上增加了当地创新要素的规模与集聚，但是创新要素也有可能更多地流向科教资源丰富的城市，从而出现马太效应的现象。

6.5.1.4 城市创新水平异质性

前文所进行的异质性分析表明，大学城建设的效果会由于城市所处的等级、区位以及城市自身科教资源丰度的差异而产生异质性表现。这一现象的出现或许是由于不同创新水平城市对创新要素配置差异所导致的。一方面，对专利申请而言，高创新水平城市的研发投入一般较高，因此高校空间集聚带来的创新要素规模扩大与集聚能够适应当地较高的研发需求，从而增加专利申请的数量。另一方面，高创新水平城市本身的创新资源丰富，城市更愿意将创新要素配置给高质量专利申请。例如，北京、上海和广州等地在2014年试点的知识产权法院显著降低了低质量创新（黎文靖等，2021）。为了对上述猜想进行检验，本书参照以往文献的做法，按照三分法对专利申请与专利授权进行25分位点、中位数分位点以及75分位点进行了分位数回归，并将回归结果展示在表6-7中。

回归结果显示，无论是25分位点、中位数分位点还是75分位点，大学城的回归系数始终为正，并且均通过了1%的显著性检验。这表明，大学城建设对城市创新水平的提升在不同创新水平的城市中均发挥了显著的促进作用。并且，随着分位点的逐渐提高，大学城的回归系数在专利申请为被解释变量时逐渐增加，在专利授权为被解释变量时逐渐降低，这一结果与之前的论述相印证。

表 6-7 大学城建设对技术创新影响分位数回归

变量	专利申请			专利授权		
	(1)	(2)	(3)	(4)	(5)	(6)
	25%	50%	75%	25%	50%	75%
大学城	0.182***	0.196***	0.212***	0.217***	0.209***	0.200***
	(0.042)	(0.033)	(0.046)	(0.040)	(0.030)	(0.043)
控制变量	Yes	Yes	Yes	Yes	Yes	Yes
城市固定效应	Yes	Yes	Yes	Yes	Yes	Yes
年份固定效应	Yes	Yes	Yes	Yes	Yes	Yes
样本量	4 742	4 742	4 742	4 742	4 742	4 742

注：(1) 括号内数值为标准误，具体通过城市层面的聚类得到。

(2) 表中所有的结果都是在控制了城市的固定效应，并对代表时间的年份固定效应计算所得，为避免冗余，对控制变量与截距项的结果进行了省略，具体的回归结果详见附录 C 表 C-6。

(3) ***、**、* 分别表示在 1%、5%、10% 水平下显著。

6.5.2 大学城特征维度异质性

6.5.2.1 大学城是否包含精英大学异质性

相对于普通大学，精英大学的科研能力更强，学生生源的质量也更高。当大学城内有精英大学时，精英大学可以通过知识溢出效应提升与其临近普通大学的科研能力，在整体上推动区域内基础研究水平的提升，进而促进技术创新。表 6-8 的列（1）与列（2）分别展示了将是否包含精英大学与大学城交互项（精英大学交互项）加入基准回归模型后的结果。不难发现，无论被解释变量为专利申请还是专利授权，精英大学交互项系数均不显著。与主回归的结果相结合，这一结果意味着，大学城对技术创新的促进作用不依赖于大学城内是否有精英大学。

表 6-8 大学城建设对技术创新影响大学城特征异质性分析

变量	是否包含精英大学		是否包含理工科院校		是否以4年制普通大学为主	
	(1)	(2)	(3)	(4)	(5)	(6)
	专利申请	专利授权	专利申请	专利授权	专利申请	专利授权
大学城	0.192**	0.152*	0.448*	0.407	0.165	0.159
	(0.080)	(0.080)	(0.233)	(0.265)	(0.110)	(0.107)
精英大学交互项	−0.020	0.112				
	(0.156)	(0.142)				
理工科院校交互项			−0.307	−0.251		
			(0.244)	(0.273)		
学制交互项					0.041	0.067
					(0.137)	(0.128)
控制变量	Yes	Yes	Yes	Yes	Yes	Yes
城市固定效应	Yes	Yes	Yes	Yes	Yes	Yes
年份固定效应	Yes	Yes	Yes	Yes	Yes	Yes
样本量	413	413	413	413	413	413
R^2	0.954	0.953	0.954	0.953	0.967	0.969

注：(1) 括号内数值为标准误，具体通过城市层面的聚类得到。

(2) 表中所有的结果都是在控制了城市的固定效应，并对代表时间的年份固定效应计算所得，为避免冗余，对控制变量与截距项的结果进行了省略，具体的回归结果详见附录 C 表 C-7。

(3) ***、**、* 分别表示在 1%、5%、10% 水平下显著。

6.5.2.2 大学城是否包含理工科院校异质性

与其他类型高校相比，理工科院校与产品研发活动的距离更近，有可能对科技创新活动发挥更显著的作用。基于此，本书在基准回归模型中加入了理工科院校与大学城的交互项（理工科院校交互项），并将回归结果展示在表 6-8 的第（3）列与第（4）列。与精英大学交互项的结果类似，理工科院校交互项的回归系数并未在 10% 的水平上显著，这一结果意味着，大学城对技术创新的促进作用不依赖于大学城内是否包含理工科院校。

6.5.2.3 大学城是否以 4 年制普通大学为主异质性

与 3 年制职业技术学院主要以培养应用型、技术性人才相比，4 年制普通大学主要培养学术型人才，从事研究工作人员的数量更多，熟练度也更高。因此，如果大学城内 4 年制普通大学更多，有可能对科技创新的促进作用更大。基于此，本书在基准回归模型中加入了高校学制比例与大学城的交互项（学制交互项），并将回归结果展示在表 6-8 的第（5）列与第（6）列。与精英大学交互项以及理工科院校交互项的结果类似，学制交互项的回归系数并未在 10% 的水平上显著。这一结果意味着，大学城对技术创新的促进作用不依赖于大学城内高校的类型。

6.6 本章小结

本章利用 1997—2016 年中国 274 个地级及以上城市的面板数据，利用多期双重差分模型实证考察了大学城建设对技术创新的影响。研究发现：第一，与没有建设大学城的城市相比，大学城建设显著促进了城市技术创新的水平。第二，机制分析显示，大学城建设能够通过吸引更多企业入驻到当地、增加当地人才供给以及提升政府对创新资源投入来促进城市技术创新水平提升。第三，大学城建设对城市技术创新水平的影响存在显著的异质性：与高行政级别城市、中西部城市以及科教资源丰富程度较低的城市相比，大学城建设对一般城市、东部城市以及科教资源丰富程度较高城市的技术创新水平有更显著的促进作用。此外，随着城市技术创新水平提升，大学城建设对技术创新水平数量与质量的促进作用逐渐增加。

至此，本章对第 4 章理论分析中大学城建设能够促进城市技术创新的前提假设进行了验证。下一章将进行大学城对城市就业规模影响的实证分析。

第 7 章 大学城建设对就业规模的影响

第 5 章与第 6 章的实证分析验证了大学城建设能够促进城市就业规模的两个前提。在此基础上，为了验证第 4 章中关于大学城建设能够通过"集聚-溢出"效应促进城市就业规模的理论分析结论，本章对大学城建设与城市就业规模的关系进行了实证分析。

7.1 变量界定与描述性统计

7.1.1 变量界定

本章的被解释变量为就业规模。首先，选用城市就业总人数作为衡量城市总体就业规模的指标；其次，参考袁志刚和高虹（2015）以及肖挺（2016）的做法，将不同城市不同行业的从业人员数划分为制造业就业人员和服务业就业[①]人员。考虑到行业划分在不同时期的标准存在差异，为了保证分析结果具有可比性，我们选取了最近一期，即 2003 年确认的行业划分标准。因此，本书研究的样本期为 2003—2019 年，数据来源主要为《中国城市统计年鉴》和《中国区域统计年鉴》。

本章的核心解释变量为大学城建设。与之前的章节类似，我们以城市内大学城第一批高校入驻的时间进行度量，在此时间之前的数值为 0，在此时间之后的数值为 1。同时，为了考察不同类型大学城对就业规模潜在的异质性影响，本章还选取了大学城是否包含精英大学、理工科院校，大学城是否以 4 年制普通大学为主以及大学城内高校的数量作为异

---

① 服务业部门主要包括交通运输、仓储及邮政业，信息传输、计算机服务和软件业，批发和零售业，住宿、餐饮业，金融业，房地产业，租赁和商业服务业，科学研究、技术服务和地质勘查业，水利、环境和公共设施管理业，教育，卫生、社会保障和社会福利业，文化、体育和娱乐业，居民服务和其他服务业，以及公共管理和社会组织部门。这些部门主要服务于城市本地的需求并由经济活动状况决定。

质性分析的解释变量。大学城情况的数据来源于大学城数据集。

本章选取的控制变量与之前章节类似，具体包括：选用以 GDP 指数计算得到以 1994 年为基期各城市人均 GDP 为代理变量的经济发展水平，以各城市外商直接投资数量来衡量的开放度，以及以第二、三产业在城市的国民生产总值中所占的份额来衡量的城市内部产业结构，以年末总人口数量作为衡量城市规模的代理变量。

7.1.2　描述性统计

表 7-1 展示了基本的描述性统计。研究样本的时期为 2003—2019 年，为了观察不同时期的变化，下面将样本划分为 2003—2006 年、2007—2011 年、2012—2015 年以及 2016—2019 年四个时期。其中 Panel A 展示了所有样本城市内就业规模的基本特征，首先可以发现，随着时间的推移，2003—2015 年，总体就业规模整体呈现出上升的趋势，但是 2016—2019 年略有下降。从服务业和制造业的组成来看，总体就业规模的下降是由制造业就业规模的下降所导致的，这一现象在一定程度上是由于中国近些年产业结构转型升级所导致的。其次，从服务业与制造业就业规模的对比来看，服务业的就业规模始终大于制造业的就业规模，并且服务业的就业规模一直表现出向上的增长趋势，而制造业的就业规模则以 2016 年为分界线。尽管制造业的就业规模始终小于服务业的就业规模，但在 2016 年之前，制造业的就业规模也表现出逐年增加的趋势，而 2016 年后，制造业的就业规模便开始下降。此外，Panel A 还展示了不同年份中各城市建设大学城的情况，可以发现，随着时间的推移，大学城建设的步伐逐渐加快，拥有大学城的城市数量逐年增加。

进而，我们按照各时期不同城市是否建设了大学城为分组依据，将城市划分为有大学城城市和无大学城城市，分别在 Panel B 和 Panel C 中展示了建设大学城城市的就业规模情况以及未建设大学城城市的就业规模情况。可以发现，无论是总体的就业规模还是服务业与制造业的就业规模，建设了大学城的城市都大于未建设大学城的城市。从就业增长幅度来看，建设了大学城的城市也始终大于未建设大学城的城市。描述性统计的结果表明，大学城的建设可能有助于城市提升就业规模。为了验证大学城的建设与城市就业规模的增加是否具有因果关系，本书将在下一节进行实证检验。

表 7-1 描述性统计

	全部时期 2003—2019 年		时期1 2003—2006 年		时期2 2007—2011 年		时期3 2012—2015 年		时期4 2016—2019 年	
	Mean	S.D.	Mean	S.D.	Mean	S.D.	Mean	S.D.	Mean	S.D.
Panel A：城市内就业规模基本特征										
总体就业规模	49.776	75.557	37.311	54.496	42.276	56.776	60.767	93.488	60.708	89.879
服务业就业规模	26.111	47.174	20.283	34.514	22.222	35.02	30.043	55.302	32.915	59.761
制造业就业规模	23.665	33.554	17.028	21.945	20.054	25.346	30.724	44.25	27.792	37.658
大学城	0.145	0.352	0.066	0.248	0.128	0.335	0.169	0.375	0.195	0.396
Panel B：有大学城城市内的就业规模										
总体就业规模	145.304	151.791	107.834	113.001	118.437	113.795	170.45	179.678	161.498	160.755
服务业就业规模	77.34	103.44	57.295	78.668	62.698	78.511	86.726	115.005	89.866	117.013
制造业就业规模	67.964	60.538	50.54	38.211	55.738	42.387	83.724	78.016	71.631	59.618
Panel C：无大学城城市内的就业规模										
总体就业规模	33.58	31.006	31.639	41.834	29.932	23.565	37.88	28.187	36.291	26.813
服务业就业规模	17.425	16.383	17.306	25.895	15.662	10.857	18.215	11.265	19.119	12.007
制造业就业规模	16.155	17.503	14.332	17.474	14.27	14.682	19.665	19.71	17.172	17.957

7.2 实证策略

如前文所述,由于各地经济发展水平与高等教育资源的差异,所以大学城的建设时间存在先后差异。本书借鉴 Beck et al.(2010)的做法,采用多期双重差分法(time-varying DID)考察不同时期、不同城市大学城建设对城市就业规模的影响。具体回归模型设定如下:

$$Emp_{it} = \alpha_0 + \beta UT_{it} + \gamma X_{it} + \lambda_t + \eta_i + \varepsilon_{it} \tag{7-1}$$

其中,Emp_{it} 为区域 i 在 t 期的城市就业规模,分别采用城市内就业人员数量总和、城市内服务业就业人员总和以及城市内制造业就业人员总和进行衡量。UT_{it} 为标识大学城建设情况变量,当城市 i 在 t 年建设了大学城时取值为 1,否则为 0。X_{it} 是一系列城市特征控制变量,具体包括:选用以 GDP 指数计算得到以 1994 为基期各城市人均 GDP 为代理变量的经济发展水平,以各城市的外商直接投资数量来衡量对外开放,以第二、三产业分别在城市内部国民生产总值中所占的份额作为衡量城市产业结构的代理变量。λ_t 为年份固定效应,η_i 为城市固定效应,ε_{it} 为扰动项。β 是我们关心的主要系数,反映了大学城建设对城市就业规模的影响。

与前文的处理类似,为了保证控制组能够为实验组提供合理的反事实以反映处理组在未受到处理时的状态,即对建设大学城的城市而言,其在未建设大学城时与其他同期未建设大学城的城市应该保持相同的变化趋势,我们需要假设上述识别假设是有效的。在设定具体的计量模型时,为了尽可能地保证这一识别假设有效,我们在方程中控制了一系列固定效应以及城市特征的控制变量。在此基础上,为了检验控制组能否为实验组提供理想的"反事实"分析,我们利用事件分析法(event study analysis)进行平行趋势检验,具体分析设定如下:

$$Emp_{it} = \alpha_0 + \sum_{k=-8}^{8} \beta_k \cdot UT_{it}^k + \gamma X_{it} + \lambda_t + \eta_i + \varepsilon_{it} \tag{7-2}$$

其中,k 代表大学城从建设年份开始的时间差,如果 k 为负数,则表示设立前的年数,若 k 为正数,则表示设立后的年数。其余变量定义与式(7-1)相同。如果平行趋势检验成立,则在大学城建设前,即当 $k \leq 0$ 时,β_k 系数不显著。

7.3 实证结果与稳健性检验

7.3.1 实证结果

对模型（7-1）进行的基准回归结果展示在表7-2中。首先，第（1）列与第（2）列分别展示了未对城市经济特征进行控制以及对城市经济特征进行控制时，大学城建设对城市就业总人数的影响。可以发现，无论是否加入控制变量，大学城建设对城市就业总人数的影响始终具有显著促进作用，与未加入控制变量时大学城建设系数的值（20.699）和显著性（5%水平显著）相比，加入控制变量后的值（16.062）与显著性（10%水平显著）均有所下降，这意味大学城建设对城市就业总人数的促进作用会受到所在城市经济特征的影响。其次，第（3）列与第（4）列分别展示了不加入控制变量与加入控制变量时大学城建设对城市服务业就业总人数的影响。可以发现，不管是否加入控制变量，大学城建设都显著促进了城市服务业就业的总人数，且系数至少通过5%的显著性检验。当控制了城市特征后，与未建设大学城的城市相比，大学城的建设使得所在城市服务业就业总人数平均增加约9.6万人。最后，第（5）列与第（6）列分别展示了不加入控制变量与加入控制变量时大学城建设对区域制造业就业总人数的影响。可以发现，无论是否加入城市控制变量，大学城建设系数的值都为正，但是当控制了一系列城市特征变量后，这一结果未通过10%的显著性检验。基准回归的结果说明，与未建设大学城的城市相比，大学城的建设能够从总体上提升其所在城市的就业规模，并且对城市内服务业就业规模的提升作用更显著。

表7-2 大学城建设对就业规模影响基准回归结果

变量	总体就业规模		服务业就业规模		制造业就业规模	
	(1)	(2)	(3)	(4)	(5)	(6)
大学城	20.669**	16.062*	11.826***	9.616**	8.842**	6.446
	(8.128)	(8.167)	(4.352)	(4.237)	(4.216)	(4.325)
控制变量	No	Yes	No	Yes	No	Yes
城市固定效应	Yes	Yes	Yes	Yes	Yes	Yes

续表

变量	总体就业规模		服务业就业规模		制造业就业规模	
	(1)	(2)	(3)	(4)	(5)	(6)
年份固定效应	Yes	Yes	Yes	Yes	Yes	Yes
样本量	4 034	4 034	4 034	4 034	4 034	4 034
R^2	0.872	0.878	0.888	0.892	0.812	0.822

注：(1) 括号内数值为标准误，具体通过城市层面的聚类得到。

(2) 表中所有的结果都是在控制了城市的固定效应，并对代表时间的年份固定效应计算所得，为避免冗余，对控制变量与截距项的结果进行了省略，具体的回归结果详见附录 D 表 D-1。

(3) ***、**、* 分别表示在 1%、5%、10%水平下显著。

7.3.2 稳健性检验

7.3.2.1 平行趋势检验

大学城从开始建设到建成，再到潜在就业效应的释放，并不是一蹴而就，因此大学城建设对本地就业的影响可能在大学城建成后一段时间才凸现。前述多期双重差分模型仅能考察大学城建设后对区域就业规模影响的平均差异，但是我们希望了解这种差异如何随时间的变化而变化，也即政策仅是在短期有效还是在长期也有效？为了考察大学城建设对城市就业规模的影响如何随时间变化，同时对多期双重差分法的有效性进行检验，利用式 (7-2)，我们进行了事件分析，图 7-1 展示了分别将总体就业规模、服务业就业规模以及制造业就业规模作为被解释变量时的回归结果。

图 7-1 左上图展示了将总体就业规模作为被解释变量的回归结果。首先可以发现，在大学城建设前的各个时期中，大学城的回归系数均不显著，且回归值集中在 0 左右。这说明，在大学城建设前所有城市总体就业规模的变化不存在显著的差异，也意味着控制组能够为实验组提供合理的反事实。其次，大学城建成后大学城的回归系数呈现逐年增加的趋势，这说明大学城建设对城市总体就业规模的影响存在动态增加的效果。再者，尽管大学城建成后大学城的回归系数逐年增加，但在第 5 期后才出现显著异于 0 的结果，这一政策效果滞后的现象可能的原因在于：在之前的时期中，不论是 4 年制普通院校还是 3 年职业技术院校，大部分学生都在学校生活和学习，并未进入本地劳动力市场。

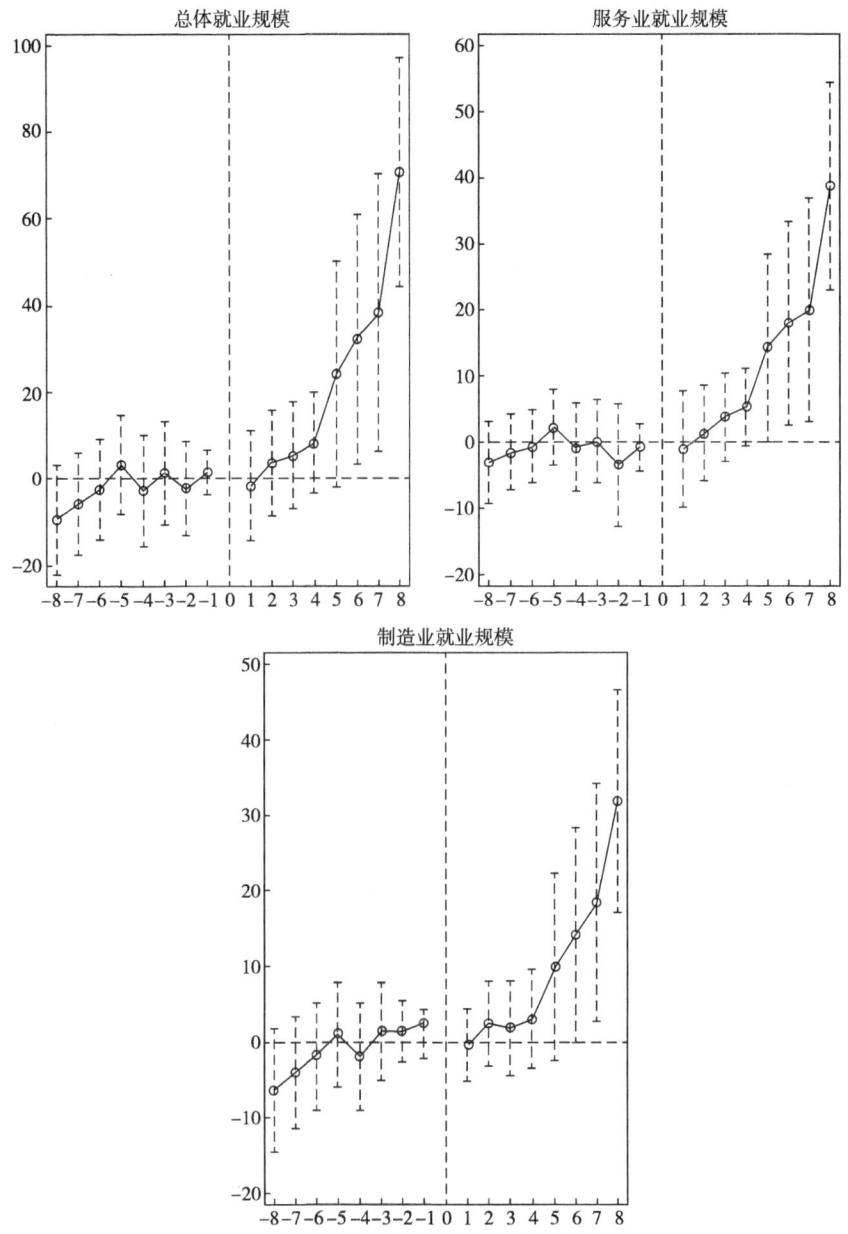

图 7-1　大学城建设对就业规模影响平行趋势检验

图 7-1 右上图展示了将服务业就业规模作为被解释变量的回归结果。首先，与总体就业规模的回归结果类似，大学城建设前的各个时期

中，大学城的回归系数均不显著，且回归值集中在 0 左右。其次，服务业就业规模的变化趋势与总体就业类似，都呈现动态增长的趋势。再者，大学城建设对服务业就业规模发生显著促进作用的时间相对早于总体就业规模，这可能是因为，随着大学城内师生数量的逐渐增加，对生活服务的需求逐渐吸引了越来越多相关行业的从业者。

图 7-1 的下图展示了将制造业就业规模作为被解释变量的回归结果。首先，与总体就业规模以及服务业就业规模略有不同，大学城的回归系数在大学城建设前的时期便呈现显著增加的趋势，而且在前一期便出现了显著为正的结果。出现这一结果可能是由于在行业划分时，制造业中包含了建筑业，而大学城的建设需要教学楼、宿舍以及其他大量基础设施建设工作，这为本地吸引了大量的建筑业从业人员。其次，与总体就业规模以及服务业就业规模类似，大学城建设对制造业就业规模的影响也呈现出动态增长的趋势。再者，与总体就业规模以及服务业就业规模不同，大学城建设后的初期，有相当一段时间大学城的回归系数不显著，这可能是由于这些建筑业从业人员流动到其他地区所导致的。而之后显著则是由于理论分析中的"集聚-溢出"效应所导致。

7.3.2.2 改变回归样本

大学城的建设与城市的经济发展、教育资源以及土地等要素资源密切相关，由于不同城市的经济发展水平、教育资源丰度，以及土地等要素资源存在一定的差异，导致大学城的建设有一定程度上是自选择的结果。与此同时，城市就业规模也会受到经济发展水平等因素的影响，这就有可能导致只有经济基础较好、教育资源丰度较高以及土地资源丰富的城市才有能力建设大学城，而这些因素又恰恰会影响到城市的就业规模。基于此，我们通过改变回归样本来进行稳健性检验。具体来说，我们将采用两种改变回归样本的方式。第一，将北京、上海、广州以及深圳四座城市从样本中剔除进行重新回归。采用这一做法的逻辑是，上述四座城市是中国经济发展程度最高，教育资源尤其是高等教育资源最丰富以及城市规模最大的城市。上述四座城市几乎都是在较早的时期完成了大学城建设，并且与其他城市的大学城相比，规模也较大。此外，上述四座城市也是中国人口密度最高、对劳动力吸引力最高的城市。将这四座城市放入回归样本可能会"稀释"大学城建设对就业规模的影响，因为即使这些城市没有建设大学城，也会对劳动力产生巨大的吸引力，从而扩大就业规模。第二，将建设了大学城以及与建设大学城城市相邻的城市作为回归样本，剔除掉其他城市。采用这一做法的逻辑是，一些城市由于经济发展程度较低，教育资源尤其是高等教育资源较为匮乏，对劳动力缺乏吸引力，城市内能提供就业的岗位也有限，所以劳动力始终处于流失的状态。这些样本的加入有可能会"夸大"大学城建设对就业规模的影响，因为即使没有大学城的建设，这些城市就业规模增加的步伐也可能会慢于其他城市。基于此，本书通过从样本中剔除北京、上海、广州和深圳四座城市，以及将样本限制在大学城以及与大学城相邻的城市两种方式改变了回归样本，对基准模型重新进行了回归，并将结果展示在表7-3中。

表7-3 大学城建设对就业规模影响改变回归样本稳健性检验

变量	总体就业规模		服务业就业规模		制造业就业规模	
	剔除北上广深	限制在相邻城市	剔除北上广深	限制在相邻城市	剔除北上广深	限制在相邻城市
	(1)	(2)	(3)	(4)	(5)	(6)
大学城	17.352**	23.574*	8.938**	13.643*	8.414**	9.931
	(7.893)	(13.054)	(4.100)	(6.925)	(4.034)	(6.777)
控制变量	Yes	Yes	Yes	Yes	Yes	Yes
城市固定效应	Yes	Yes	Yes	Yes	Yes	Yes
年份固定效应	Yes	Yes	Yes	Yes	Yes	Yes
样本量	3 980	2 659	3 980	2 659	3 980	2 659
R^2	0.794	0.889	0.768	0.914	0.783	0.809

注：(1) 括号内数值为标准误，具体通过城市层面的聚类得到。

(2) 表中所有的结果都是在控制了城市的固定效应，并对代表时间的年份固定效应计算所得，为避免冗余，对控制变量与截距项的结果进行了省略，具体的回归结果详见附录D表D-2。

(3) ***、**、* 分别表示在1%、5%、10%水平下显著。

7.3.2.3 控制省-年固定效应

在基于式（7-1）进行的基准回归中，我们为了保证控制组能够为处理组提供理想的"反事实"环境，对城市就业规模随时间变化的因素进行了时间固定效应的控制，加入了一系列城市特征因素作为控制变量，并对城市固定效应进行了控制。然而，考虑到尽管大学城是坐落在某个城市中，但是大学城的建设涉及巨额的资金投入，并且建设用地的指标必须由省一级政府提交给自然资源部，获批后才能使用。此外，高校的招生规模以及具体招生计划都是由省一级政府制定。因此，省一级政府在大学城建设中扮演着至关重要的角色，大学城建设可以说是"举全省之力"的结果。由于不同省份在经济发展水平以及发展目标方面存在较大差异，这就会导致不同省份对大学城建设支持的力度也存在差异。如果不控制不同省份随时间变化的因素，那么它的影响可能会反映在我们的核心解释变量中。基于此，我们在基准回归的基础上进一步控制了不同省份随时间变化的省-年固定效应，重新回归后的结果展示在表 7-4 中。

表 7-4 的回归结果显示，大学城建设对总体就业规模、服务业就业规模以及制造业就业规模的影响分别为 10.329（1%显著），4.685（1%显著）以及 5.644（1%显著）。这一结果意味着，在控制了不同省份随年份变化的差异后，大学城的建设能够显著促进所在城市总体就业规模以及服务业和制造业就业规模的增加。与基准回归的结果相比，尽管在系数的显著性以及绝对值上有变化，但是大学城的建设能够促进所在城市就业规模增加的结论并未受到明显的挑战，这在一定程度上验证了大学城建设能够促进就业规模结果的稳健性。

表 7-4　大学城建设对就业规模影响控制省-年固定效应稳健性检验

变量	总体就业规模	服务业就业规模	制造业就业规模
	(1)	(2)	(3)
大学城	10.329***	4.685***	5.644***
	(2.375)	(1.416)	(1.329)
控制变量	Yes	Yes	Yes
省-年固定效应	Yes	Yes	Yes
城市固定效应	Yes	Yes	Yes
年份固定效应	Yes	Yes	Yes
样本量	4 034	4 034	4 034

续表

变量	总体就业规模	服务业就业规模	制造业就业规模
	(1)	(2)	(3)
R^2	0.876	0.841	0.864

注：(1) 括号内数值为标准误，具体通过城市层面的聚类得到。

(2) 表中所有的结果都是在控制了城市的固定效应，并对代表时间的年份固定效应计算所得，为避免冗余，对控制变量与截距项的结果进行了省略，具体的回归结果详见附录 D 表 D-3。

(3) ***、**、* 分别表示在 1%、5%、10% 水平下显著。

7.3.2.4 更换衡量就业规模的被解释变量

基准回归中，我们采用各城市每年就业规模的具体数值变化来衡量就业规模的变化。这一衡量方式可以准确验证出大学城的建设对所在城市具体就业规模的变化，在这一基础上，我们还可以进一步将各城市每年就业规模的具体数值取对数，以衡量城市内就业规模的变化率。由于之前一系列的回归结果已经表明大学城的建设能够促进所在城市就业规模的增加，并且事件分析的结果也显示出大学城建设对就业规模的促进作用呈现出随时间变化动态增长的趋势，因此我们有必要将被解释变量更换为各城市每年就业规模具体数值的对数，以根据每年增长比率的变化考察大学城建设对城市就业规模的影响。基于此，表 7-5 展示了被解释变量为总体就业规模、服务业以及制造业就业规模的结果。可以发现，与就业规模具体数值的回归结果类似，大学城的建设显著促进了所在城市总体就业规模以及服务业就业规模的持续增长。具体来说，与未建设大学城时期以及未建设大学城城市相比，大学城的建设使得所在城市总体就业规模每年有 5.7% 的增长，并在 10% 的水平上显著；服务业就业规模有 6.1% 的增长，并在 5% 的水平上显著。与此同时，尽管大学城建设对制造业就业规模也表现出一定的促进作用，但未通过 10% 的显著性检验。

至此，通过将北京、上海、广州以及深圳四座城市从样本中剔除以及仅将有大学城以及与大学城相邻的城市作为回归样本进行的回归样本更换，在原始回归方程中控制省份与年份交互的固定效应，以及更换衡量就业规模的指标，本节对 7.3.1 部分实证结果的稳健性进行了检验，所有的结果均稳健地证明了大学城建设对提升所在城市的就业规模具有显著促进作用。

表 7-5 大学城建设对就业规模影响更换被解释变量稳健性检验

变量	总体就业规模对数 (1)	服务业就业规模对数 (2)	制造业就业规模对数 (3)
大学城	0.057*	0.061**	0.032
	(0.032)	(0.025)	(0.050)
控制变量	Yes	Yes	Yes
城市固定效应	Yes	Yes	Yes
年份固定效应	Yes	Yes	Yes
样本量	4 034	4 034	4 034
R^2	0.954	0.967	0.930

注：（1）括号内数值为标准误，具体通过城市层面的聚类得到。

（2）表中所有的结果都是在控制了城市的固定效应，并对代表时间的年份固定效应计算所得，为避免冗余，对控制变量与截距项的结果进行了省略，具体的回归结果详见附录 D 表 D-4。

（3）***、**、* 分别表示在 1%、5%、10%水平下显著。

7.4 作用机制分析

上文的分析已经稳健地证明，大学城建设能显著提升城市就业规模。在此基础上，我们希望了解大学城的建设是否通过理论分析中的"集聚-溢出"效应来对城市就业规模产生影响。因此，本节我们将对大学城建设影响城市就业规模的具体渠道进行分析。

根据理论部分的分析，我们认为大学城建设对城市就业规模的影响是通过"集聚-溢出"效应来实现的，即大学城的建设会首先促进与其直接相关行业就业规模的增加。例如，一方面，大学城的建设需要校舍、图书馆以及实验室等大量基础设施建设，这会直接带动建筑业就业规模的增加；另一方面，大学城建成后，能够为本地提供大量受过高等教育的人才，一些高技能行业（如教育、金融业等）会得到快速的发展。其次，当本地与大学城建设直接相关行业的就业规模增加后，会逐渐溢出到其他行业。一个行业发展带来就业规模的增加会带动与这一行业互补的另一个行业的发展；而随着城市内就业规模的增加，对生活、服务的消费需求也会增加，消费型服务业的发展就会被带动起来。

为了验证上述作用机制，我们参考初帅（2023）的做法，对城市内不同年份的18个行业进行了分别回归，并按照大学城建设系数的显著性对上述行业的回归结果进行划分。分别为大学城建设影响1%显著行业、大学城建设影响5%显著行业、大学城建设影响10%显著行业、大学城建设影响不显著行业，并将上述结果分别展示在图7-2、图7-3、图7-4与图7-5中。

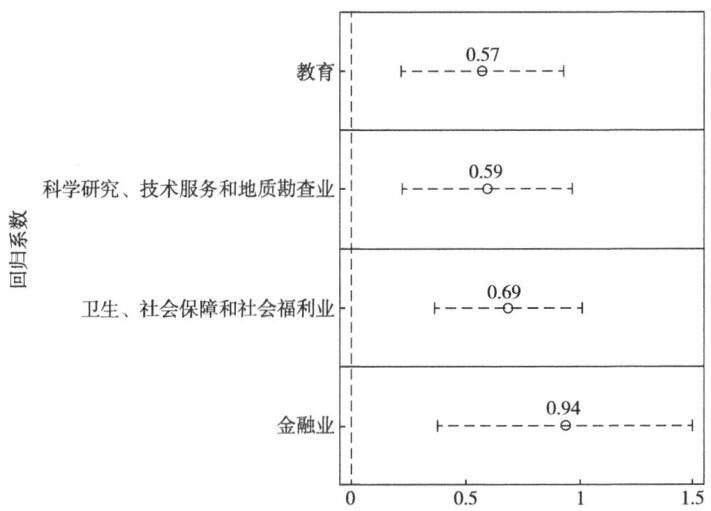

图 7-2　大学城建设影响 1% 显著行业

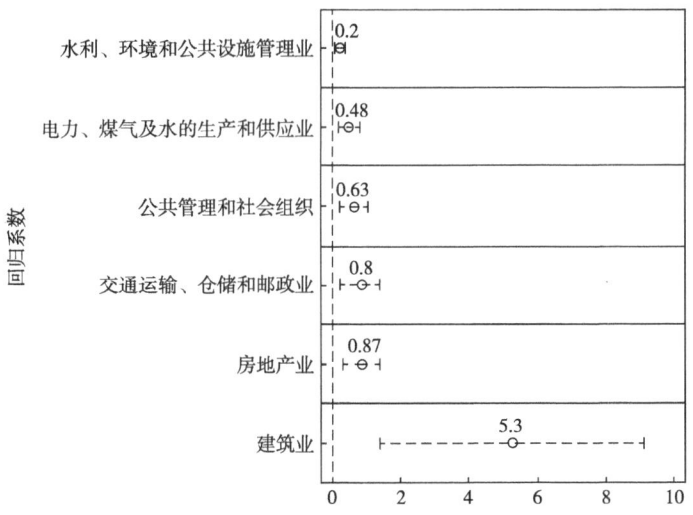

图 7-3　大学城建设影响 5% 显著行业

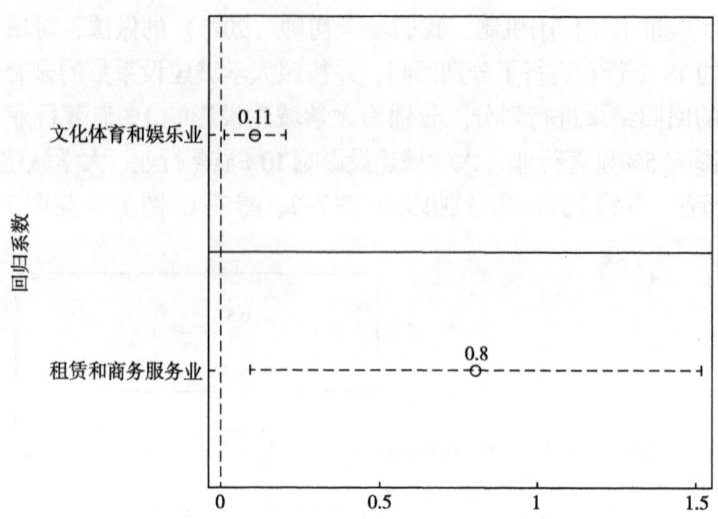

图 7-4 大学城建设影响 10% 显著行业

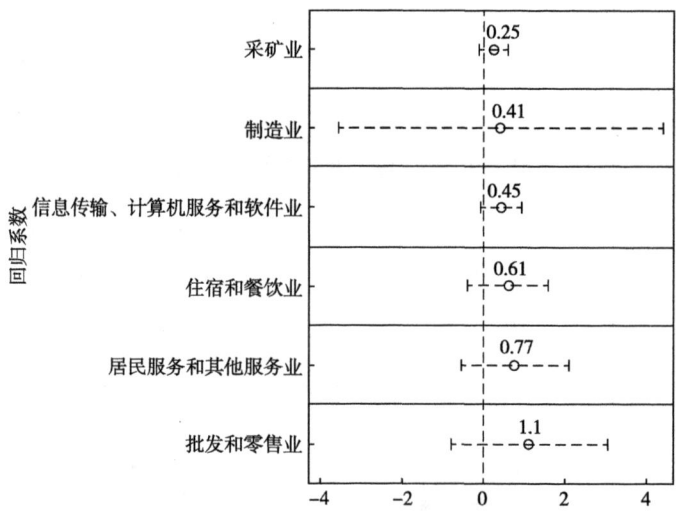

图 7-5 大学城建设影响不显著行业

图 7-2 展示了大学城建设影响 1% 显著行业。可以发现，就行业内就业人员规模来看，大学城建设影响最显著的四个行业从系数绝对值由大到小分别为教育，科学技术、技术服务和地质勘查业，卫生、社会保

障和社会福利业以及金融业。从历年行业内从业人员受教育程度组成来看，上述四个行业内从业人员受教育程度最高。因此，大学城建设为本地带来大量受过高等教育的人才会首先进入这些行业，进而促进行业发展，并进一步提升行业的就业规模。

图 7-3 展示了大学城建设影响 5% 显著行业，从大学城建设系数的绝对值由大到小分别为：水利、环境和公共设施管理业，电力、煤气及水的生产和供应业，公共管理和社会组织，交通运输、仓储和邮政业，房地产业以及建筑业。由此可以发现，建筑业就业规模受大学城影响最大，仅从影响系数的绝对值来看甚至大于图 7-2 所有 1% 显著的行业。虽然建筑业从业人员的平均受教育程度远低于图 7-3 中其他行业，但是大学城建设中大量基础设施的建设会直接促进本地建筑业就业规模的增加。而对于图 7-3 中的其他行业而言，大学城的建设促进了图 7-2 中各行业就业规模的增加，随着大量就业人员的进入，城市内的房地产行业也会得到发展（Wang & Tang，2020）。与此同时，为了保证大学城内基础设施的正常运行，需要水利、环境和公共设施管理业，电力、煤气及水的生产和供应业，公共管理和社会组织，交通运输、仓储和邮政业的配套发展，因此这些大学城对图 7-2 中各行业以及建筑业就业规模的促进作用会溢出到图 7-3 中除建筑业以外的其他行业。

图 7-4 展示了大学城建设影响 10% 显著行业。其中，大学城建设对文化体育和娱乐业的影响系数为 0.14，对租赁和商务服务业的影响系数为 1.2。与图 7-2 以及图 7-3 的结果相结合，随着本地高教育程度行业从业人员特征的行业以及高技能行业从业人员就业规模的增加，需要与之互补的租赁与商务服务业来为行业的快速发展提供保障。同时，由于恩格尔效应的存在，在高教育程度行业从业的人员以及高技能行业从业的人员有更高的文化、娱乐消费需求。因此，城市内文化体育和娱乐业的就业规模也会得到一定程度的提升。

最后，图 7-5 展示了大学城建设影响不显著的行业。这些行业分别为：采矿业，制造业，信息传输、计算机服务和软件业，住宿和餐饮业，居民服务和其他服务业以及批发和零售业。一方面，从行业中从业者的平均受教育程度来看，上述六个行业内从业者的受教育程度处于较低的水平，大学城建设为城市带来的大量高教育程度劳动力不会进入这些行业；另一方面，对采矿业、制造业、信息传输、计算机服务和软件业，以及批发和零售业来说，这些行业与图 7-2 中的行业不存在互补关系，对住宿和餐饮业、居民服务和其他服务业而言，尽管大学城的建设在一定程度上刺激了这些行业的发展，但溢出效应并不显著。

7.5 异质性分析

7.5.1 城市维度异质性

7.5.1.1 城市等级异质性

不同行政等级的城市在经济发展程度、劳动力吸引能力、就业岗位数量等方面存在明显差异，这些差异可能会使大学城建设的效果在不同城市间表现出异质性。一般来讲，高等级城市高等教育资源较为丰富，政策支持力度也较大，往往会率先进行大学城建设。在大学城建设浪潮中，相对于一般城市，高等级城市往往经济发展水平较高，对人口的吸引能力较强，城市规模较大，所以就业岗位数量较多，城市的就业规模也往往更大。为了考察大学城建设对城市的促进作用是否会因城市等级的变化而变化，本书通过设置城市等级的哑变量以及设置城市等级哑变量与大学城虚拟变量的交互项（城市等级交互项），并代入式（7-1）进行回归，结果展示在表 7-6 中。

表 7-6 大学城建设对就业规模影响城市等级异质性分析

变量	总体就业规模	服务业就业规模	制造业就业规模
	(1)	(2)	(3)
大学城	0.024	-3.062**	3.086
	(4.315)	(1.513)	(3.592)
城市等级交互项	29.446*	23.382***	6.064
	(15.518)	(8.097)	(8.535)
控制变量	Yes	Yes	Yes
城市固定效应	Yes	Yes	Yes

续表

变量	总体就业规模	服务业就业规模	制造业就业规模
	(1)	(2)	(3)
年份固定效应	Yes	Yes	Yes
样本量	4 034	4 034	4 034
R^2	0.879	0.893	0.822

注：(1) 括号内数值为标准误，具体通过城市层面的聚类得到。

(2) 表中所有的结果都是在控制了城市的固定效应，并对代表时间的年份固定效应计算所得，为避免冗余，对控制变量与截距项的结果进行了省略，具体的回归结果详见附录 D 表 D-5。

(3) ***、**、* 分别表示在 1%、5%、10% 水平下显著。

回归结果显示，城市等级交互项在被解释变量为总体就业规模与服务业就业规模时显著为正，在被解释变量为制造业就业规模时影响不显著。这意味着，大学城建设对其所在城市总体就业规模与服务业就业规模的促进作用会随着城市等级的提升而进一步提升，但对其所在城市的制造业就业规模而言，不论大学城是建设在高等级城市还是普通城市，都未能产生显著的促进作用。这一回归结果也说明，在一定程度上，大学城建设可能会产生就业逐渐向高等级城市集聚的"马太效应"，从而进一步拉大高等级城市与普通城市就业规模的差异。

7.5.1.2 城市区位异质性

东部地区凭借较好的产业基础、丰富的科教资源，以及沿海、交通便利的区位优势，对劳动力有巨大的吸引力，从而表现出劳动力向东部集中的现象。而囿于相对落后的产业结构、科技与经济基础较弱以及交通基础设施相对落后等原因，中西部地区持续面临劳动力短缺和劳动力外流的情况。为了验证大学城建设对城市就业规模的促进作用是否会因为城市所在区位产生异质性，我们构建了城市区位的哑变量，将位于东部地区的城市赋值为 1，位于中部以及西部地区的城市赋值为 0，并与大学城虚拟变量相乘，构造了城市区位交互项。回归结果展示在表 7-7 中。

表 7-7　大学城建设对就业规模影响城市区位异质性分析

变量	总体就业规模 (1)	服务业就业规模 (2)	制造业就业规模 (3)
大学城	10.837	7.375	3.462
	(11.786)	(6.172)	(5.769)
城市区位交互项	14.099	6.049	8.050
	(15.077)	(8.598)	(8.633)
控制变量	Yes	Yes	Yes
城市固定效应	Yes	Yes	Yes
年份固定效应	Yes	Yes	Yes
样本量	4 034	4 034	4 034
R^2	0.879	0.892	0.822

注：(1) 括号内数值为城市聚类层面的标准误。
(2) 所有的回归结果均包含了城市固定效应与年份固定效应，为避免冗余，对控制变量与截距项的结果进行了省略，具体的回归结果详见附录 D 表 D-6。
(3) ***、**、* 分别表示在 1%、5%、10% 水平下显著。

通过对回归结果进行解读可以发现，当被解释变量分别为总体就业规模、服务业就业规模以及制造业就业规模时，交互项的回归结果均为正，但均未通过 10% 的显著性检验。这说明，尽管大学城的建设在一定程度上能为东部地区城市吸引更多的劳动力，但是这一影响并不显著。相对于中西部地区，东部地区城市对劳动力的吸引力并未因为大学城的建设而出现显著的增加或降低。

7.5.2　大学城特征维度异质性

7.5.2.1　大学城是否包含精英大学

与未建设大学城的城市相比，大学城的建设为本地吸引了更多的在校大学生。然而，考虑到中国高等教育体系分流的特征，不同类型高校培养出人才的专业技能有所差异，并进一步对不同产业的就业产生异质性的影响（周扬和谢宇，2020）。高等教育体系分流的一个重要表现是将高校划分为精英院校与普通院校。精英院校相对于普通院校能够得到更多的科研经费与项目，有较强的科研能力，以选拔一流学生、培养精英人才为目标。而由于知识溢出效应的存在，与精英大学相邻的普通院校科研水平也能够得到提高，更倾向于培养学术型人才，与精英院校一同主要为生产型服务业提供专业技能人才。因此，包含精英大学的大学城能够为本地提供更多服务业专业技能人才，促进本地服务业就业。为了验证大学城建设对城市就业规模的促进作用是否会因为大学城内精英大学的入驻而产生异质性，本书构建了精英大学虚拟变量，即大学城内包含精英大学赋值为1，否则赋值为0，并与大学城虚拟变量相乘，构造了精英大学交互项，并将回归结果展示在表7-8中。

表7-8 大学城内是否包含精英大学对就业规模影响异质性分析

变量	总体就业规模	服务业就业规模	制造业就业规模
	(1)	(2)	(3)
大学城	−23.979	−12.048	−11.931
	(16.262)	(8.700)	(8.579)
精英大学交互项	62.299	39.737	22.563
	(71.589)	(35.736)	(37.627)
控制变量	Yes	Yes	Yes
城市固定效应	Yes	Yes	Yes
年份固定效应	Yes	Yes	Yes
样本量	481	481	481
R^2	0.894	0.918	0.801

注：(1) 括号内数值为城市聚类层面的标准误。

(2) 所有的回归结果均包含了城市固定效应与年份固定效应，为避免冗余，对控制变量与截距项的结果进行了省略，具体的回归结果详见附录D表D-7。

(3) ***、**、* 分别表示在1%、5%、10%水平下显著。

表7-8的回归结果显示，当被解释变量为总体就业规模、服务业就业规模以及制造业就业规模时，精英大学交互项的系数均为正，但均未通过10%的显著性检验。这一结果意味着，与仅包含普通大学的大学城相比，包含精英大学的大学城虽然在一定程度上对城市就业规模有明显的促进作用，但这一促进作用并不显著。这一结果也说明，大学城建设对城市就业规模的促进作用不会因为大学城内是否包含精英大学而出现异质性的结果。

7.5.2.2 大学城是否包含理工科院校

与其他领域人才相比,理工科院校培养的人才对技术创新、生产力提升以及经济发展所起到的促进作用更明显(Winters,2014),理工科院校与技术创新的距离更近,对产品的创新与生产有更显著的作用。理工科领域人才的增加可能会通过影响企业的创新与产品生产从而影响本地就业的规模。为了验证大学城建设对城市就业规模的促进作用是否会因为大学城内理工科院校的入驻而产生异质性,本书构建了理工科院校虚拟变量,即大学城内包含理工科院校赋值为 1,否则赋值为 0,与大学城虚拟变量相乘,构造了理工科院校交互项,并将回归结果展示在表 7-9 中。

表 7-9 大学城内是否包含理工科院校对就业规模影响异质性分析

变量	总体就业规模 (1)	服务业就业规模 (2)	制造业就业规模 (3)
大学城	−21.864 (13.366)	−14.910* (7.901)	−6.953 (7.543)
理工科院校交互项	13.658 (17.095)	14.477 (9.244)	−0.819 (10.030)
控制变量	Yes	Yes	Yes
城市固定效应	Yes	Yes	Yes
年份固定效应	Yes	Yes	Yes
样本量	481	481	481
R^2	0.892	0.916	0.799

注:(1) 括号内数值为城市聚类层面的标准误。

(2) 所有的回归结果均包含了城市固定效应与年份固定效应,为避免冗余,对控制变量与截距项的结果进行了省略,具体的回归结果详见附录 D 表 D-8。

(3) ***、**、* 分别表示在 1%、5%、10%水平下显著。

表 7-9 的回归结果显示,当被解释变量为总体就业规模与服务业就业规模时,理工科院校交互项的系数均为正,但均未通过 10%的显著性检验。这一结果意味着,与不包含理工类院校的大学城相比,包含理工类院校的大学城虽然在一定程度上更能促进城市就业规模的增加,但这一效果并不显著。此外,当被解释变量为制造业就业规模时,理工科

院校交互项的系数均为负,但未通过10%的显著性检验。这一结果意味着,与不包含理工类院校的大学城相比,包含理工类院校的大学城在一定程度上对城市制造业就业规模产生了降低作用,但这一作用并不显著。这可能是由于随着城市内理工类人才的增加,企业进行技术革新的速度加快,传统制造业由于技能偏向型的技术进步而出现人员就业规模下降的现象。总的来说,大学城建设对城市就业规模的促进作用不会因为大学城内是否包含理工类院校而出现异质性的结果。

7.5.2.3 大学城是否以4年制普通大学为主

高等教育体系分流的另一个重要表现体现为学制(Wang & Tang, 2020)。4年制普通大学主要提供学术导向的课程,多以培养学术型人才为目标。3年制职业院校主要提供应用导向的课程,注重培养技术型以及应用型人才。1999年施行的高校扩招政策主要是针对4年制普通大学,与3年制职业院校的扩张幅度相比,4年制普通大学扩张的幅度与规模更大。因此,以4年制普通大学为主的大学城所容纳的学生数量应该远大于以3年制职业院校为主的大学城。基于此,为了验证大学城建设对城市就业规模的促进作用是否会因为大学城内4年制普通大学的占比而产生异质性,本书构建了普通大学虚拟变量,即大学城内包含4年制普通大学的数量大于3年制职业院校数量时赋值为1,否则赋值为0,并进一步将此变量与大学城虚拟变量相乘,构造了普通大学交互项。回归结果展示在表7-10中。

表7-10 大学城是否以4年制普通大学为主对就业规模影响异质性分析

变量	总体就业规模	服务业就业规模	制造业就业规模
	(1)	(2)	(3)
大学城	-36.775**	-18.127**	-18.648**
	(14.432)	(7.727)	(7.894)
普通大学交互项	81.802**	45.330**	36.472*
	(38.768)	(20.007)	(21.037)
控制变量	Yes	Yes	Yes
城市固定效应	Yes	Yes	Yes
年份固定效应	Yes	Yes	Yes

续表

变量	总体就业规模	服务业就业规模	制造业就业规模
	(1)	(2)	(3)
样本量	481	481	481
R^2	0.897	0.920	0.806

注：(1) 括号内数值为城市聚类层面的标准误。

(2) 所有的回归结果均包含了城市固定效应与年份固定效应，为避免冗余，对控制变量与截距项的结果进行了省略，具体的回归结果详见附录 D 表 D-9。

(3) ***、**、* 分别表示在 1%、5%、10%水平下显著。

表 7-10 的回归结果显示，当被解释变量为总体就业规模、服务业就业规模以及制造业就业规模时，普通大学交互项均为正，且至少在 10%的水平上显著。这一结果表明，尽管从平均意义上来看，大学城的建设能够显著促进城市就业规模的增加，但是以 4 年制普通大学为主的大学城产生的促进作用更加显著。

7.6 进一步讨论

前述分析虽已证明大学城建设能够促进本地就业，但未能明确大学城建设促进了哪类人群的就业，大学城对本地就业促进的微观机理也未被证实。个体是组成行业就业人员数量的微观单位，如果能从行业与个体特征匹配的视角证明大学城建设对不同特征个体在不同行业的就业情况的差异，就能进一步印证理论推导的合理性。同时，与行业层面就业人员数量加总所得的结果相结合，能够更深入地理解大学城建设对本地就业的促进作用。

对本地服务业而言，大学城建设为本地提供了大量受过高等教育的高人力资本劳动力。与前文分析相结合，服务业是吸纳高人力资本劳动力最主要的行业，因此，大学城的建设应该能显著促进大学及以上个体在本地服务业的就业。由于扩招始终保持较大的规模以及较快的速度，使得大学生劳动力市场供需失衡，甚至出现大学生就业难的现象（曾湘泉，2004）。部分文献注意到，高校扩招政策大幅度增加了女性接受高等教育的机会（吴要武和刘倩，2014），使更多的女性进入到服务业中，因此相对于女性来说，大学城的建设可能会减少男性在服务业的就业。此外，由于大学城建设需要大量的土地，大学城的选址往往在距离城市中心较远的农村或者边缘地带（Wang & Tang，2020）。考虑到大学能够对其周边的服务业尤其是消费型服务业产生巨大的需求冲击（Drucker & Goldstein，2007），大学城周边的本地居民以及农村居民会更多地进入到本地服务业。

对本地制造业而言，大学城的建设首先对制造业中的建筑业产生了巨大的需求，考虑到建筑业从业人员以男性为主、受教育程度较低的特征，大学城建设对男性以及大学及以下群体的本地制造业就业应存在显著的促进作用。其实，大学城建设带来的高校集聚能够使本地形成厚实的知识要素市场，吸引产业链上游企业在本地形成集聚。根据"集聚-溢出"效应的分析，为了更好地满足产业链上游企业的需求，与其配套的服务外包企业以及产品制造工厂也会在本地得到迅速发展（Carlino & Kerr，2015）。因此，大学城的建设在一定程度上对传统制造业就业也产生了促进作用。由于传统制造业以及建筑业是农民工群体主要的就业行业（简新华和黄锟，2007），所以对本地农村居民的就业也会有显著的促进。前文分析指出，大学城的建设会形成高人力资本需求行业的集聚，并且会提升本地的生活成本，尤其是住房成本（Wang & Tang，2020）。相对于流动人口，本地居民对房价的敏感度较低，能够在本地稳定、持续的工作，所以本地居民就业规模能得到更大的提升。

为了验证上述分析的结论，本书以第五次人口普查（2000年）以及2005年进行的1%人口抽样调查的微观数据作为分析对象，同时参考Archibong et al.（2017）的做法，构造了基于混合横截面数据的双重差分模型：

$$Emp_i = \alpha_0 + \beta UT_{ic} \cdot type_i + \delta_1 UT_{ic} + \delta_2 type_i + X_i\gamma + \varepsilon_i \tag{7-3}$$

其中，Emp_i 表示个体 i 是否从事服务业（服务业=1，其他=0）或制造业（制造业=1，其他=0）；UT_{ic} 表示个体 i 所在的城市 c 是否建立了大学城（建设=1，未建设=0）；$type_i$ 表示对个体 i 的分类，分别为是否为男性（男性=1，女性=0）、是否为农村居民（农村户口=1，非农户口=0）、是否为本地居民（本地=1，其他=0）以及个体教育程度（大学及以上=1，其他=0）。X_i 为个体一系列控制变量。

回归结果如图7-6所示，大学城的建设一方面显著促进了本地、大学及以上个体和农村个体进入服务业就业，显著降低了男性在服务业的就业;另一方面,大学城的建设显著增加了男性、农村以及本地居民在制造业的就业,显著降低了大学及以上个体在制造业的就业。

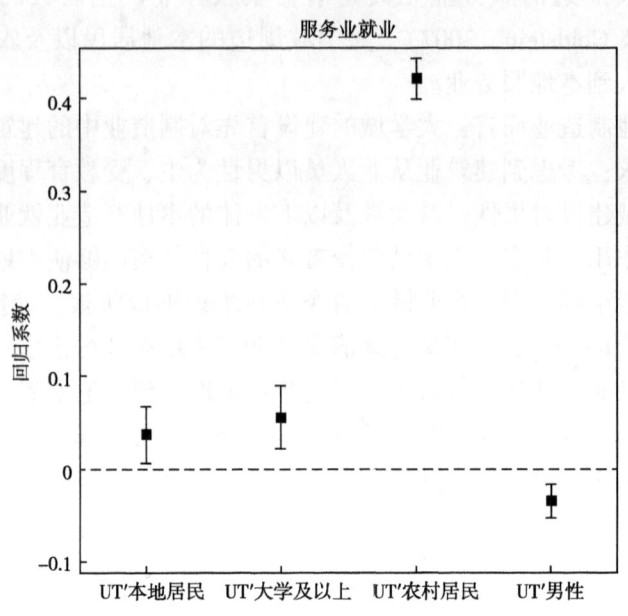

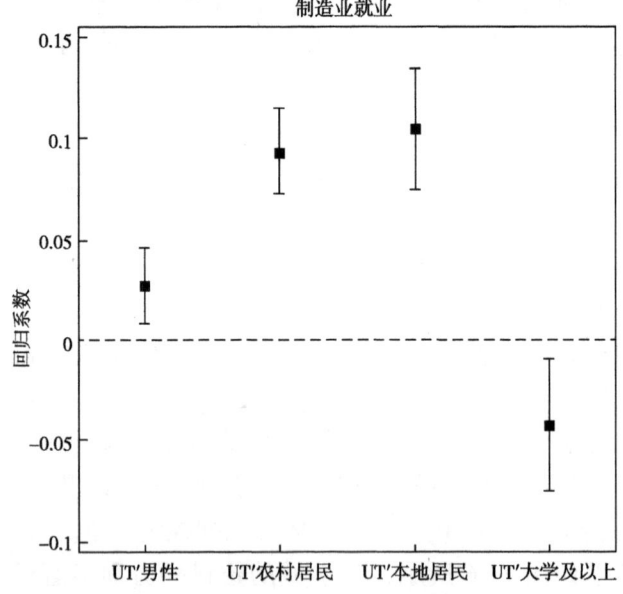

图 7-6 大学城建设对微观个体就业的影响

7.7　本章小结

本书利用 2003—2019 年中国 274 个地级及以上城市的面板数据，实证考察了大学城建设对其所在城市就业规模的影响。研究发现：第一，与没有建设大学城的城市相比，大学城建设显著促进了其所在城市就业规模的增加，平均来看，大约增加了 16 万人。第二，机制分析表明，大学城建设促进了高技能需求行业以及建筑业等与其联系紧密行业的就业，并通过这些行业在本地的就业集聚溢出到其他行业。第三，大学城建设对就业规模的影响存在显著的异质性，高行政级别城市以及以 4 年制普通大学为主大学城的建设对城市就业规模的促进作用更大。第四，利用微观数据的分析表明，大学城建设显著促进了本地、农村个体以及大学及以上个体在本地服务业的就业，同时显著促进了本地、农村个体以及男性在本地制造业的就业，但显著降低了大学及以上个体在本地制造业的就业。

至此，本章在第 5 章与第 6 章研究的基础上，对第 4 章中大学城建设能够通过"集聚-溢出"效应影响城市就业规模的理论分析进行了实证检验。下一章，我们将对第 4 章中大学城建设影响城市就业结构的理论分析进行实证检验。

第 8 章 大学城建设对就业结构的影响

为了验证第 4 章中关于大学城建设能够通过收入效应促进城市就业结构由制造业向服务业转型的理论分析结果，本章将对大学城建设与城市就业结构的关系进行实证分析。

8.1 变量界定与描述性统计

8.1.1 变量界定

本章主要被解释变量为服务业就业份额，用城镇第二产业和第三产业单位就业人员中服务业单位从业人员所占份额表示。具体的，对服务业以及制造业的具体划分参考本书第 7 章中 7.1.1 的变量界定部分。与前文类似，为了保证研究结论具有可比性，将研究的样本期选为 2003 年至 2018 年。此外，为了进一步探索服务业就业内部的结构变化，我们进一步构建了生产性服务业[①]就业份额。

本章的核心解释变量为大学城建设。与之前的章节类似，我们以城市内大学城第一批高校入驻的时间进行度量，在此时间之前的数值为 0，在此时间之后的数值为 1。同时，为了考察不同类型大学城对就业规模潜在的异质性的影响，本章还选取大学城是否包含精英大学、是否包含理工科院校、大学城是否以 4 年制普通大学为主以及大学城内高校的数量作为异质性分析的解释变量，数据来源于大学城数据集。

本章选取的控制变量与之前章节类似，具体包括：以人均 GDP 水平衡量的经济发展水平、以当年财政支出金额衡量的政府规模、以外商直接投资金额衡量的对外开放度、以年末总人口数量衡量的城市规模和

---

① 生产性服务业具体包括：交通运输、仓储和邮政业，金融业，房地产业，信息传输、计算机服务和软件业，租赁和商务服务业以及科学研究、技术服务和地质勘查业。

以人口密度衡量的服务业交易成本。为了使回归结果便于解释，对除大学城虚拟变量、服务业就业份额以及人口密度外的其他变量均在原始数据上取对数表示。

8.1.2 描述性统计

表 8-1 展示了基本的描述性统计。各个城市在不同时期的服务业就业份额大约为 55.1%，这说明，平均而言，中国城市中服务业从业人员多于制造业从业人员。此外，服务业就业份额最小（15.4%）的城市与服务业就业份额最大（95.5%）的城市存在加大的差异。并且服务业就业份额的变化在不同城市、不同时期的变化幅度较大（标准差为 0.138）。与此同时，控制变量的描述性统计显示，政府规模在不同城市、不同时期的变化幅度较大（标准差为 1.934），经济水平在不同城市、不同时期的变化幅度相对较小（标准差为 0.592）。城市规模与人口密度的差异表现出类似的变化趋势，对外开放程度的绝对差异则相对较小（最大值为 8.129，最小值为 3.627）。

表 8-1 描述性统计

变量	观测值	均值	标准差	最小值	最大值
服务业就业份额	4 742	0.551	0.138	0.154	0.955
生产性服务业就业份额	4 742	0.249	0.085	0.066	0.641
大学城	4 742	0.087	0.282	0	1
经济水平	4 742	8.444	0.592	4.140	11.162
政府规模	4 742	11.342	1.934	4.416	16.835
对外开放	4 742	5.913	0.640	3.627	8.129
城市规模	4 742	10.087	1.437	4.920	13.871
人口密度	4 742	13.630	1.229	10.386	18.052

8.2 实证策略

针对实证过程中可能存在的反向因果以及遗漏变量等潜在的内生性问题，本书将大学城建设这一外生政策冲击作为准自然实验，采用双重差分法（DID）开展高等教育扩张对我国城市就业结构影响的因果效应评估。由于大学城并非在所有城市同一时间建设，所以无法使用传统的DID计量模型，为了识别控制组不在同一时间接受实验处理的情形，本书参考Beck et al.（2010）的做法，采用渐次实施型政策的DID计量模型，即多期双重差分法（time-varying DID）。具体的回归模型设定如下：

$$Stru_{it} = \alpha_0 + \beta UT_{it} + X_{it}\gamma + \lambda_t + \eta_i + \varepsilon_{it} \quad (8-1)$$

其中，i、t分别表示城市与年份，$Stru_{it}$为本书关注的核心被解释变量，即以服务业就业人员份额衡量的就业结构，以及服务业中生产性服务业的占比。UT_{it}为衡量大学城建设的二元虚拟变量。X_{it}为一系列城市特征的控制变量，具体包括：以人均GDP水平衡量的经济发展水平、以当年财政支出金额衡量的政府规模、以外商直接投资金额衡量的对外开放度、以年末总人口数量衡量的城市规模和以人口密度衡量的服务业交易成本。此外，式（8-1）中，我们对年份（λ_t）以及城市（η_i）的固定效应进行了控制，并将ε_{it}作为模型的扰动项。我们主要关心系数β的大小、符号以及显著性，这反映了大学城建设对就业结构的影响。同时，为了处理异方差和自相关问题，使用城市层面的聚类标准误。

同时，与前文相同，考虑到多期双重差分法的识别假设要求实验组与控制组之间具有可比性，因此构建如下模型来进行检验：

$$Stru_{it} = \alpha_0 + \sum_{k=-8}^{8}\beta_k \cdot UT_{it}^k + X_{it}\gamma + \lambda_t + \eta_i + \varepsilon_{it} \quad (8-2)$$

式（8-2）中，β_k表示干预在k年产生的影响，若$k>0$，系数表示处理之后k期产生的影响，若$k<0$，系数则表示处理之前k期产生的影响，其他变量定义与式（8-1）相同。这意味着，β_k不仅可以刻画大学城建设前后城市就业结构的变化，以进行平行趋势检验，还可以对大学城建设后产生的影响进行动态观察。

8.3 实证结果与稳健性检验

8.3.1 实证结果

模型（8-1）的基本回归结果见表8-2。第（1）列与第（2）列分别展示了未控制城市特征以及控制城市特征时大学城建设对城市中服务业就业份额的影响。可以发现，当未控制城市特征时，虽然大学城建设对城市服务业就业份额增加有一定的促进作用，但是这一促进作用并不显著。这可能是由于中国在样本期开始进行了产业结构转移，即便没有大学城的建设，服务业的就业份额可能也会在一定程度上有所提升，因此大学城建设的回归结果不显著。当控制了城市特征后，可以发现，大学城建设在10%的水平上显著促进了其所在城市服务业就业份额的增加。这一结果意味着，对于同一发展阶段的城市而言，大学城建设能够加快其所在城市的就业结构由制造业占比较高向服务业占比较高进行转变。表8-2的回归结果显示，大学城的建设能够促进服务业就业份额的提升，并且是通过增加服务业内部从事生产性服务业人员占比的提升来实现的。这一结果说明，大学城的建设为城市带来了大量接受过高等教育的潜在劳动力，劳动力在供给侧的冲击使得生产性服务业在本地有更低的用工成本，同时由于集聚效应可以带来知识溢出，所以本地会吸引更多从事生产性服务业的企业在本地，从而增加本地生产性服务业的需求。供给与需求的同时变动推动了本地生产性服务业占比的提升。

表8-2 大学城建设对就业结构影响基准回归结果

变量	服务业就业份额		生产性服务业在服务业中占比	
	(1)	(2)	(3)	(4)
大学城	0.008	0.021*	0.012**	0.007*
	(0.012)	(0.011)	(0.005)	(0.004)
控制变量	No	Yes	No	Yes
城市固定效应	Yes	Yes	Yes	Yes
年份固定效应	Yes	Yes	Yes	Yes
样本量	4 034	4 034	4 034	4 034
R^2	0.842	0.874	0.882	0.904

注：(1) 括号内数值为城市层面聚类的标准误。

(2) 所有的回归结果均包含了城市固定效应与年份固定效应，为避免冗余，对控制变量与截距项的结果进行了省略，具体的回归结果详见附录E表E-1。

(3) ***、**、* 分别表示在1%、5%、10%水平上显著。

8.3.2 稳健性检验

8.3.2.1 平行趋势检验

前述多期双重差分模型仅能考察大学城建设后对城市就业结构影响的平均差异，而无法呈现随时间变化的趋势，即无法表明大学城建设对城市就业结构的影响过程。与此同时，不同城市大学城类型迥异，上述结论也可能由城市差异造成的事前趋势解释（平行趋势假设），导致因果关系不清晰。利用式（8-2）进行事件分析，其中，图 8-1 展示了大学城建设对其所在城市服务业占比的影响；图 8-2 展示了大学城建设对服务业内部结构的影响。

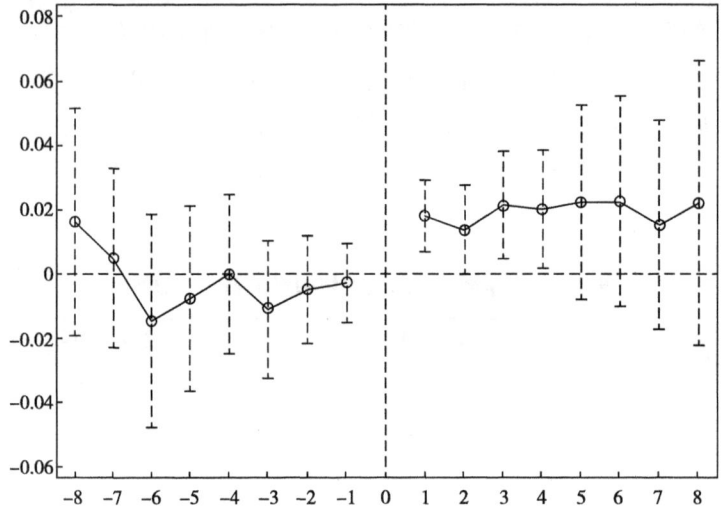

图 8-1 大学城建设对服务业占比影响的平行趋势检验

图 8-1 展示了估计系数 β_k 的值及其 95% 置信区间。可以发现，大学城建设前，各城市就业结构的差异几乎为 0，并且都不显著。在大学城建成后，服务业就业数量在总体就业数量中所占份额迅速上升，大学城建设对就业份额的促进作用在前 4 期都十分显著，然而从第 5 期开始，虽然大学城的建设依然对城市就业结构转型有正向的促进作用，但是这一影响并不显著。这可能是由于，一方面，大学城的建设为城市就业结构转型发挥了"启动"作用，以及大学城建设为城市最初就业结

构的转型起到了促进作用,但是建成之后想要持续地进行转型,需要其他配套措施来实现;另一方面,一个城市的就业结构受多种因素的影响,大学城建设的效果经过一段时间后便达到了市场的均衡状态。

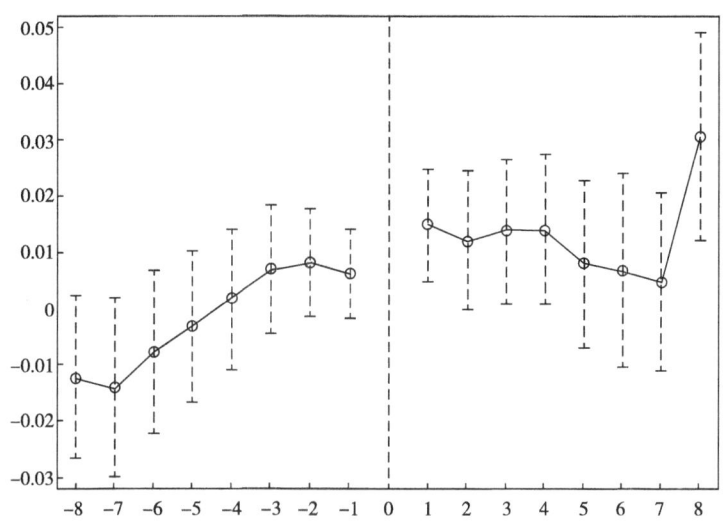

图8-2 大学城建设对服务业内部占比影响的平行趋势检验

与城市服务业就业份额作为被解释变量相对应,当生产性服务业占服务业的份额作为被解释变量时,图8-2展示了估计系数β_k的值及其95%置信区间。可以发现,大学城建设前生产性服务业占服务业份额的差异几乎为0,并且都不显著。大学城建设当期,其所在城市生产性服务业占服务业的份额便出现显著提升,并在此后的4期都维持了这一效果。第5期到第7期,尽管大学城建设对城市生产性服务业占服务业份额的提升依然有促进作用,但是这一作用不再显著,而从第8期开始,再次出现显著的促进作用。出现这一现象可能的原因是,早期大学城的建设为城市带来了大量高技能劳动力从事生产性服务业,生产性服务业就业规模的增加刺激了消费性服务业的需求,进而对消费性服务业就业规模的增加产生了溢出效应。当消费性服务业的需求被满足后,又会进一步吸引更多从事生产性服务业人员的进入。

8.3.2.2 改变回归样本

大学城建设的主要目的是实现当地高等教育扩张,这就导致高校越多、高校实力越强的城市越有可能建设大学城。北京、上海、广州以及深圳作为中国常年独居一档的超大、特大城市，拥有丰富的高等教育资源，样本中这些城市的加入可能会使估计结果产生一定的偏误。因此，我们剔除了北京、上海、广州以及深圳四座城市的样本，对式（8-1）进行了重新回归，将回归结果展示在表8-3的第（1）列与第（2）列。通过将回归结果与表8-2相比，我们发现核心解释变量系数的绝对值与显著性并未发生显著的变化，因此从改变回归样本进行的稳健性检验来看，表8-2的回归结果是稳健的。

大学城的建设不仅需要地方提供大量可供建设校舍、实验室以及图书馆等基础设施的土地，还需要为基础建设提供足够的财政支持。更重要的是，大学城的建设需要地方政府甚至更高一级政府给予政策上的倾斜。例如，仅就土地审批来说，大学城在早期的规划往往存在"贪大"的现象，因此规划用地规模往往十分惊人，规划占地从十几平方公里到50平方公里不等。尽管大学城最终的建设要落脚到某个城市，但规模如此巨大的土地使用规划以及后期巨额建设资金的投入仅靠单个城市是无法完成，其背后必须有省级政府的支持。而考虑到不同省份经济发展水平以及政务能力的差异，基准回归的结果可能会忽略不同城市背后省级特征差异导致的遗漏变量问题，进而使估计的结果出现偏误，因此我们在式（8-1）的基础上进一步加入了省-年固定效应，以检验回归结果的稳健性，并将结果展示在表8-3的第（3）列与第（4）列。可以发现，在控制了省-年固定效应后，尽管大学城系数的显著性有了明显的提升，但是影响的方向与系数的绝对值并没有显著的变化。

表8-3 大学城建设对就业结构影响的稳健性检验

变量	改变回归样本		控制省-年固定效应	
	（1）	（2）	（3）	（4）
大学城	0.021*	0.006*	0.021***	0.008***
	(0.012)	(0.003)	(0.001)	(0.001)
控制变量	No	Yes	No	Yes
城市固定效应	Yes	Yes	Yes	Yes
年份固定效应	Yes	Yes	Yes	Yes
省-年固定效应	No	No	Yes	Yes

续表

变量	改变回归样本		控制省-年固定效应	
	(1)	(2)	(3)	(4)
样本量	4 034	4 034	4 034	4 034
R^2	0.874	0.890	0.875	0.923

注：(1) 列 (1) 与列 (2) 括号内数值为异方差稳健的标准误，列 (3) 与列 (4) 括号内数值为城市层面聚类的标准误。

(2) 所有的回归结果均包含了城市固定效应与年份固定效应，为避免冗余，对控制变量与截距项的结果进行了省略，具体的回归结果详见附录 E 表 E-2。

(3) ***、**、* 分别表示在 1%、5%、10% 水平上显著。

8.4 作用机制分析

前文理论分析指出，高等教育扩张能够提升城市居民的收入，促进居民更多地在服务业进行消费，从而推动劳动力由制造业向服务业转移。本节将在高等教育扩张的背景下，考察大学城建设对居民收入以及居民消费的影响，进而对高等教育扩张影响就业结构的机制进行探讨和检验。

第一，为了验证大学城建设对居民收入的影响，在考虑数据可得性的基础上，本书将城镇居民平均收入作为衡量收入的指标，数据来源于《中国城市统计年鉴》。如果高等教育扩张背景下大学城的建设能够通过提升居民收入影响就业结构转型，那么，可以预测大学城的建设首先会促进其所在城市居民平均收入的提升；其次，当控制住城市居民的平均收入后，基准回归中大学城建设对服务业就业份额的影响将不再显著。基于此，我们将式 (8-1) 的被解释变量更换为城镇居民平均收入来检验大学城建设对居民收入的影响。在式 (8-1) 中加入城镇居民平均收入作为控制变量，以此检验大学城建设是否会通过影响居民收入改变就业结构。表 8-4 展示了具体的回归结果。列 (1) 的结果显示，大学城的建设显著提升了其所在城市居民的收入。列 (2) 列的回归结果显示，当控制了居民消费水平后，大学城建设对就业结构的影响不再显著，这意味着高等教育扩张能够通过提升居民收入影响就业结构。

表 8-4　大学城建设对城市就业结构影响的机制分析

变量	居民收入水平 (1)	服务业就业份额 (2)	居民消费水平 (3)	服务业就业份额 (4)
大学城	0.406***	0.014	1.161***	0.017
	(0.084)	(0.011)	(0.362)	(0.010)
居民收入水平		0.018**		
		(0.007)		
居民消费水平				0.001
				(0.001)
控制变量	Yes	Yes	Yes	Yes
城市固定效应	Yes	Yes	Yes	Yes
年份固定效应	Yes	Yes	Yes	Yes
样本量	4 034	4 034	4 034	4 034
R^2	0.961	0.873	0.947	0.887

注：(1) 括号内数值为标准误，具体通过城市层面的聚类得到。

(2) 表中所有的结果都是在控制了城市的固定效应，并对代表时间的年份固定效应计算所得，为避免冗余，对控制变量与截距项的结果进行了省略，具体的回归结果详见附录 E 表 E-3。

(3) ***、**、* 分别表示在 1%、5%、10%水平下显著。

第二，为了验证大学城建设会通过提升居民在服务业的消费促进劳动力向服务业转移，在考虑到数据可得性的基础上，本书将城镇居民平均消费金额作为衡量服务业消费的指标，数据来源于《中国城市统计年鉴》。这一做法的逻辑在于：恩格尔效应指出，三次产业部门中，农业产品需求收入弹性最小，制造业产品需求收入弹性居中，服务业产品需求收入弹性最大（Kongsamut et al., 2001）。因此，收入上升带来的消费水平上升主要是由服务业消费的增加所导致。这意味着，如果高等教育扩张背景下大学城的建设能够通过提升居民在服务业的消费影响就业结构转型，那么可以预测，大学城的建设首先会提升其所在城市居民的平均消费水平，并且当控制住城市居民的消费水平后，基准回归中大学城建设对服务业就业份额的影响将不再显著。基于此，表 8-4 的第（3）列展示了将式（8-1）被解释变量替换为城镇居民平均消费金额后，大学城建设对其所在城市消费水平影响的回归结果。可以发现，大学城建设显著提升了居民的消费水平。我们将居民消费加入基准回归方程,并将结果展示在第(4)列。结果显示,当控制了居民消费后,大学城建设对就业结构的影响不再显著。因此,高等教育扩张能够通过促进居民更多地进行服务业消费来影响就业结构。

8.5 异质性分析

8.5.1 城市维度异质性

8.5.1.1 城市等级异质性

不同行政等级的城市在经济发展程度、产业结构以及就业岗位容纳能力等方面存在明显差异,这些差异可能会使大学城建设的效果在不同城市间表现出异质性。如前文所述,高等级城市往往拥有更丰富的教育资源以及政治资源,可能会率先实施大学城的建设,并且由于城市自身的优势与大学城的建设形成一定的叠加效应。因此,与低等级城市相比,大学城建设对高等级城市就业结构的转变可能会产生更大的影响。同时,由于大学城的建设为低等级城市带来了更多的高技能劳动力,因此低等级城市中从事生产性服务业的人员占比可能会得到更多的提升。为了考察大学城建设对城市就业结构的影响是否会随着城市等级的变化而变化,与前文相同,本书通过设置城市等级的哑变量,并设置城市等级哑变量与大学城虚拟变量的交互项(城市等级交互项),代入式(8-1)进行回归,结果展示在表8-5中的第(1)列与第(2)列。

表8-5 大学城建设对城市就业结构影响城市特征异质性分析

变量	城市等级异质性		城市区位异质性	
	服务业就业份额	生产性服务业在服务业中占比	服务业就业份额	生产性服务业在服务业中占比
	(1)	(2)	(3)	(4)
大学城	-0.005 (0.018)	0.001 (0.005)	0.027* (0.014)	0.003 (0.005)
城市等级交互项	0.046** (0.021)	0.011 (0.007)		

续表

变量	城市等级异质性		城市区位异质性	
	服务业就业份额	生产性服务业在服务业中占比	服务业就业份额	生产性服务业在服务业中占比
	(1)	(2)	(3)	(4)
城市区位交互项			-0.017	0.011
			(0.022)	(0.008)
控制变量	Yes	Yes	Yes	Yes
城市固定效应	Yes	Yes	Yes	Yes
年份固定效应	Yes	Yes	Yes	Yes
样本量	4 034	4 034	4 034	4 034
R^2	0.874	0.905	0.862	0.905

注：(1) 括号内数值为标准误，具体通过城市层面的聚类得到。

(2) 表中所有的结果都是在控制了城市的固定效应，并对代表时间的年份固定效应计算所得，为避免冗余，对控制变量与截距项的结果进行了省略，具体的回归结果详见附录E表E-4。

(3) ***、**、* 分别表示在1%、5%、10%水平下显著。

表8-5的结果显示，城市等级交互项对服务业就业份额影响的系数显著为正。这意味着，大学城建设对城市就业结构由制造业向服务业转移的促进作用会随着城市等级的提升而提升。同时，城市等级交互项对生产性服务业在服务业中占比的影响为正，但不显著，这意味着，大学城建设对服务业内部就业结构转变的影响与城市等级无关。与列（1）的结果相结合，大学城的建设能够显著促进高等级城市中的劳动力由制造业向服务业转移。

8.5.1.2 城市区位异质性

如前文所述，东部地区拥有较好的产业基础，城市进入工业化的时间较早，并且由于大部分沿海城市都位于东部地区，因此东部地区在更早的时期就进入了劳动力结构由制造业向服务业的转变。与东部地区相比，中西部以及东北地区大多数城市仍然处在实现工业化的道路上，大部分城市仍然以制造业就业为主。因此，大学城的建设对位于不同区位的城市可能存在差异化的影响。为了验证大学城建设对城市就业结构的影响是否会因为城市所在区位产生异质性，我们构建了城市区位的哑变量，将位于东部地区的城市赋值为 1，位于中部以及西部地区的城市赋值为 0，并与大学城虚拟变量相乘，构造城市区位交互项，将回归结果展示在表 8-5 的列（3）与列（4）中。

回归结果显示，无论是服务业就业份额还是服务业内部生产性服务业占比，大学城的建设对不同区位城市的影响都未表现出显著的差异。出现这一结果可能的原因是：一方面，东部地区城市往往先于中西部以及东北地区城市开展就业结构转型，很多东部城市即使没有大学城的建设，也在逐渐推进就业结构由制造业向服务业的转移，这在一定程度上削弱了大学城建设对东部地区城市就业结构转型的影响；另一方面，对于中西部以及东北地区城市而言，大学城的建设往往会首先选在省会等高等级城市，与表 8-5 列（1）的结果相结合，这在一定程度上放大了大学城建设对中西部以及东北地区城市就业结构转型的影响。因此，大学城建设对就业结构影响未在城市区位层面表现出异质性的结果，可能是由于大学城对东部地区就业结构的促进作用被削弱，以及对中西部和东北地区城市就业结构的促进作用被放大共同导致的。

8.5.2 大学城特征维度异质性

8.5.2.1 大学城是否包含精英大学

如前文所述，中国高等教育的一重要特点就是"分流"，高校被划分为各种不同的类型，其中最典型的划分方式就是一部分学校被划分为参与了"211 工程"、"985 工程"以及"双一流"建设的精英院校，而其他未能参选的学校则被划分为普通院校。精英院校有更高的平台、更充裕的资金以及更多的政策支持，精英院校培养的学生大多是从事金融、教育等生产性服务业。拥有精英院校的大学城与其他类型的大学城相比，可能对城市服务业尤其是生产性服务业的促进作用更大。为了验证大学城建设对城市就业结构转型的影响是否会因为大学城内精英大学的入驻而产生异质性，本书构建了精英大学虚拟变量，即大学城内包含精英大学赋值为 1，否则赋值为 0，并与大学城虚拟变量相乘，构造了精英大学交互项，将回归结果展示在表 8-6 的列（1）与列（2）中。回归结果显示，大学城建设对城市就业结构转型的影响不会因为大学城是否拥有精英大学而产生差异。出现这一结果可能的原因是，高校扩招政策主要是针对非精英大学进行的，精英大学扩招的幅度并不大，这就导致入驻大学城的精英大学数量较少,在一定程度上"稀释"了拥有精英大学的大学城相对其他类型大学城对所在城市就业结构转型的作用。

表 8-6 大学城建设对城市就业结构影响大学城特征异质性分析

变量	是否包含精英大学		是否包含理工类大学		是否以4年制普通大学为主	
	服务业就业份额	生产性服务业在服务业中占比	服务业就业份额	生产性服务业在服务业中占比	服务业就业份额	生产性服务业在服务业中占比
	(1)	(2)	(3)	(4)	(5)	(6)
大学城	0.016	-0.004	0.029	-0.009	0.032**	-0.005
	(0.013)	(0.006)	(0.021)	(0.008)	(0.014)	(0.005)
精英大学交互项	0.022	-0.005				
	(0.023)	(0.010)				
理工类大学交互项			-0.008	0.004		
			(0.023)	(0.008)		
普通大学交互项					0.039*	0.002
					(0.021)	(0.009)
控制变量	Yes	Yes	Yes	Yes	Yes	Yes
城市固定效应	Yes	Yes	Yes	Yes	Yes	Yes
年份固定效应	Yes	Yes	Yes	Yes	Yes	Yes
样本量	481	481	481	481	481	481
R^2	0.801	0.928	0.800	0.928	0.802	0.928

注:(1) 括号内数值为标准误,具体通过城市层面的聚类得到。
(2) 表中所有的结果都是在控制了城市的固定效应,并对代表时间的年份固定效应计算所得,为避免冗余,对控制变量与截距项的结果进行了省略,具体的回归结果详见附录 E 表 E-5。
(3) ***、**、* 分别表示在 1%、5%、10% 水平下显著。

8.5.2.2 大学城是否包含理工类大学

前文分析指出,与其他领域人才相比,理工科院校培养的人才对技术创新、生产力提升以及经济发展所起到的促进作用更明显(Winters,

2014)。这可能意味着，拥有理工类院校的大学城可能对城市技术进步有更明显的促进作用，更有助于推动城市中的劳动力由传统制造业向服务业转移。为了验证大学城建设对城市就业结构的影响是否会因为大学城内理工科院校的入驻而产生异质性，本书构建了理工科院校虚拟变量，即大学城内包含理工科院校赋值为 1，否则赋值为 0，并与大学城虚拟变量相乘，构造了理工科院校交互项，将回归结果展示在表 8-6 的列（3）与列（4）中。

回归结果显示，大学城建设对城市就业结构的影响并不会因为大学城内理工科院校的入驻而产生异质性。出现这一结果的原因可能是：一方面，从技术进步的视角来看，表 6-8 的回归结果显示，大学城对城市技术创新的影响在拥有理工类大学和没有理工类大学的大学城中并不存在显著差异；另一方面，受制于实验室规模等科研投入资金因素，理工类大学扩招的幅度小于其他类型的大学，因此没有发挥出理工类大学应有的作用。

8.5.2.3 大学城是否以 4 年制普通大学为主

除了将大学划分为精英大学与非精英大学，中国高等教育分流另一种重要表现体现在学制上。现有高等教育体系按照学制将大学划分为 4 年制普通大学与 3 年制职业院校。4 年制普通大学培养的人才多以学术型人才为主，因此大部分毕业生会进入服务业工作，3 年制职业院校培养的人才多以应用型人才为主，毕业生既会进入制造业工作，也会进入服务业工作。正如前文所指出的，1999 年施行的高校扩招政策主要是针对 4 年制普通大学，与 3 年制职业院校的扩张幅度相比，4 年制普通大学扩张的幅度与规模更大。基于此，为了考察大学城建设对城市就业结构的影响是否会因为大学城内 4 年制普通大学的占比而产生异质性，本书构建了普通大学虚拟变量，即大学城内包含 4 年制普通大学的数量大于 3 年制职业院校数量时则赋值为 1，否则赋值为 0，并进一步将此变量与大学城虚拟变量相乘，构造了普通大学交互项。回归结果展示在表 8-6 的列（5）与列（6）中。

回归结果显示，普通大学交互项在以服务业就业份额为被解释变量时系数为正，且在 10% 的水平上显著。这意味着，4 年制普通大学占比较高的大学城对促进城市内劳动力由制造业转向服务业，相对于 3 年制职业院校占比较高的大学城有更显著的作用。进一步的，普通大学交互项在以生产性服务业在服务业中占比为被解释变量时系数为正,但并未通过10%的显著性检验,这意味着,对于服务业内部的结构而言,大学城内4年制普通大学的占比并不会使大学城建设的效果存在异质性。

8.6 本章小结

利用2003—2019年中国274个地级及以上城市的面板数据,实证分析了大学城建设对就业结构的影响。研究发现:第一,与没有建设大学城的城市相比,大学城建设显著促进了城市就业结构由制造业向服务业转变。第二,机制分析表明,大学城建设是通过提升居民收入以及增加居民在服务业更多的消费来促进劳动力由制造业向服务业转移,从而影响就业结构变化。第三,大学城建设对就业结构的影响存在显著异质性,城市等级越高,大学城建设对城市就业结构由制造业向服务业转移的作用越大;以4年制普通大学为主的大学城相对于其他类型大学城对城市就业结构由制造业向服务业转移的作用更大。

至此,本书针对理论分析部分所提出的4个待检验实证命题均进行了实证检验,并得到了与理论分析相符合的结论。下一章将对全书的研究结论进行总结,并在此基础上提出研究启示以及本研究存在的不足和未来的研究方向。

第9章 研究结论与启示

9.1 研究结论

本书以中国大学城建设作为区位导向性政策的代表,考察了大学城建设对城市就业的影响。通过构建理论模型,本书提出在能够促进城市人口集聚以及技术创新的前提下,大学城建设会通过"集聚-溢出"效应促进其所在城市就业规模的增加。同时,基于两部门、分产品与异质性劳动力的模型,理论分析指出,大学城建设能够通过收入效应促进城市就业结构由制造业向服务业转型。

在理论分析的基础上,本书实证检验了大学城建设对城市人口密度、城市技术创新、城市就业规模以及城市就业结构的影响及作用机制,得出的主要研究结论如下:

第一,通过收集1997—2016年274个城市的大学城建设以及城市发展特征的数据,利用多重双重差分法,考察了大学城建设对城市人口密度的影响。研究结论发现:①与没有建设大学城的城市相比,大学城建设显著促进了城市人口集聚,其增长幅度约为0.068个百分点。②机制分析表明,大学城建设通过为城市吸引了更多流动人口,促进了人口集聚。③大学城建设对人口集聚的影响存在显著的异质性:大学城的建设对非省会、直辖市、经济特区等经济基础发展较好城市的地方人口密度提升作用更大,同时,上述提升作用在包含精英高校、以4年制本科院校为主以及包含理工科院校的大学城中产生的效果更大。

第二,通过收集1997—2016年274个城市的大学城建设以及城市发展特征的数据,利用多重双重差分法考察了大学城建设对城市技术创新的影响。研究结论发现:①与没有建设大学城的城市相比,大学城建设显著促进了城市技术创新的水平。②机制分析显示,大学城建设能够通过吸引更多企业入驻到当地,增加当地人才供给以及提升政府对创新资源的投入来促进城市技术创新水平的提升。③大学城建设对城市技术创新水平的影响存在显著的异质性：与高行政级别城市、中西部城市以及科教资源丰度较低的城市相比，大学城建设对一般城市、东部城市以及科教资源丰度较高城市的技术创新水平有更显著的促进作用。此外，随着城市技术创新水平的提升，大学城建设对技术创新水平数量与质量的促进作用逐渐增加。

第三，通过收集 2003—2019 年 274 个城市的大学城建设以及城市发展特征的数据，利用多重双重差分法考察了大学城建设对城市就业规模的影响。研究结论发现：①与没有建设大学城的城市相比，大学城建设显著促进了其所在城市就业规模的增加，平均来看，大约增加了 16 万人。②机制分析表明，大学城建设促进了高技能需求行业以及建筑业等与其联系紧密行业的就业，并通过这些行业在本地的就业集聚溢出到其他行业。③大学城建设对就业规模的影响存在显著的异质性，高行政级别城市以及以 4 年制普通大学为主大学城的建设对城市就业规模的促进作用更大。④利用微观数据的分析表明，大学城建设显著促进了本地、农村以及大学及以上个体在本地服务业的就业，同时显著促进了本地、农村以及男性在本地制造业的就业，但显著降低了男性在本地服务业的就业以及大学及以上个体在本地制造业的就业。

第四，通过收集 2003—2019 年 274 个城市的大学城建设以及城市发展特征的数据，利用多重双重差分法考察了大学城建设对城市就业结构的影响。研究结论发现：①与没有建设大学城的城市相比，大学城建设显著促进了城市就业结构由制造业向服务业转变。②机制分析表明，大学城建设是通过提升居民收入以及增加居民在服务业更多的消费来促进劳动力由制造业向服务业转移，从而影响就业结构变化。③大学城建设对就业结构的影响存在显著异质性，城市等级越高，大学城建设对城市就业结构由制造业向服务业转移的作用越大；以 4 年制普通大学为主的大学城，相对于其他类型大学城对城市就业结构由制造业向服务业转移的作用更大。

9.2 研究启示

就业是民生之本，事关人民群众的切身利益，也是国家发展和社会和谐稳定的关键议题。近年来，伴随着全球经济下行、中美贸易摩擦升级以及新冠感染等各类不确定性事件频发，中国城市的就业问题愈发严峻。"十四五"规划明确提出要实施"就业优先"战略，以实现扩大区域就业容量，促进区域就业结构转型，加强区域间协调就业的目标。高等教育作为影响劳动力就业能力以及劳动力流动的重要因素，对上述目标的实现具有重要的作用。作为中国高等教育的新模式，大学城建设对城市就业产生了显著的影响。为了更好地发挥大学城建设对城市就业的促进作用，本书根据前文研究提出如下启示：

第一，谨慎对待新建大学城项目。实证分析表明，并不是在任何一处建立任何一种类型的大学城都能促进其所在城市的发展。对地方政府来说，大学城建设需要大量的土地、资金投入，但是建成后的效果是不可预料的。类似廊坊大学城等失败案例对政策制定者应该起到警醒作用。那些为了政绩或者发展房地产等动机匆匆上马的大学城项目应该被尽快叫停。对于新建大学城项目，必须有严格论证和细致规划。实际上，目前中国的大学城已经在中国各类城市均有分布，基本满足了高等教育扩张的需要，因此新建项目在审批过程中应进行谨慎、从严的把关。

第二，完善已有大学城周边以及内部的建设。首先，政府要为已有大学城师生及周边居民提供完备的硬件措施以及周到的生活服务。例如，硬件措施方面，可以加大公交站、地铁站等通勤设施在大学城周边的密度，方便出行；生活服务方面，政府可以通过提升区域内的绿化水平，修建公益图书馆、运动馆等文化服务场馆，提升大学城内师生以及周边居民的生活品质，从而吸引人口在该区域的流入与集聚。其次，大学城内部高校性质差异所产生的异质性意味着，可以通过对地方的精英院校、普通本科院校、职专院校以及理工类院校采取兴建新校区，或者土地置换等方式将老校区搬入大学城，扩大大学城内部的规模，实现高等教育内涵式发展与外延式发展的结合。同时，在丰富大学城内高校数量与种类的前提下，进一步完善大学城内教学设施，例如，建设公用图书馆、实验室，以及配套服务设施等。此外，要加强城内各高校间的沟通交流，可以通过学分互认、访学交流等方式打破学校间"无形"的墙，让大学城内的资源能够实现真正的共享。

第三，提升地方政府对当地就业市场建设以及人力资源管理的水平。大学城建设为地方提供了规模巨大的潜在高技能劳动力，但如何让这些潜在劳动力转化为当地就业人员，并对当地就业市场发展起到积极作用，需要政府从就业市场建设与人力资源管理两方面入手。对就业市场建设而言，地方政府首先要建立多渠道就业信息发布平台，一方面，可以定期在大学城内举办高校企业双选会，畅通大学城内高校学生以及大学城周边城市或所在城市企业匹配的渠道；另一方面，要完善大数据就业平台建设，在当前数字经济蓬勃发展的背景下，要发挥大数据作为新型生产要素的作用，通过构建大数据就业平台来提升当地劳动力供给与需求的匹配效率，完善当地就业市场建设。对人力资源管理而言，地方政府应同时做好设计者与服务者两项职能。对设计者职能而言，政府应自主或鼓励企业建设培训与实习平台，构建并强化高校与市场的联系，例如，通过设立创客空间、大学科技园等措施，为大学城内大学生从象牙塔向现实世界转换，或其他劳动力适应当地经济或企业需求提供平台，切实提升劳动力的就业能力；对服务者职能而言，政府应做好为人才、为企业的服务工作，畅通工作转换渠道，简化办事流程，提高办事效率。例如，通过实施宽松的人才引进政策，让人才能够来得了、留得住、流得动，通过实施一站式政务办理或者建设"智慧政务"等措施，让企业好办事、为企业办好事。

第四，动态评估并调整大学城建设的效果与发展模式。根据大学城建设效果随时间不断变化的结果，本书建议应建立对大学城建设效果进行动态评估的机制。实证分析指出，大学城的建成并不意味政策效果具有永久性，随着时间的推移与城市自身的发展，大学城建设效果始终处于动态的变化中。因此，为了更好地发挥大学城对城市就业以及城市发展的作用，要对大学城建设的效果进行动态评估，并根据当地的需要及时对大学城的发展模式进行调整。

9.3 研究局限与展望

第一，研究数据存在局限性。目前关于大学城建设的数据无法通过官方公开的渠道获取，本书使用的数据为作者手工收集，尽管在一定程度上填补了这一领域相关研究的空白，但是数据的准确性以及数据的信息丰富程度存在一定的局限性。例如，我们的数据能收集到每一座大学城中高校的具体信息，但是无法获取每所高校在大学城中师生的具体数量，这使得我们无法精准地度量大学城规模。其次，目前城市劳动力市场的宏观数据划分不够细致。尽管我们通过人口调查的微观数据从微观视角对城市劳动力市场进行了考察，但是调查数据仅有两期，而且时间跨度较大，这使得我们无法从微观视角考察大学城建设对城市劳动力市场的影响。未来随着数据的进一步收集与完善，可以更加全面、细致地分析和探讨大学城建设对城市劳动力市场的影响及其范围，影响在不同特征群体以及影响效应随时间的变化趋势等。

第二，内生性识别方法有待完善。为了解决实证研究中的内生性问题，本书在使用多期双重差分法的基础上进行了一系列严格的稳健性检验，例如，通过更换样本、考虑省-年固定效应，以及更换对被解释变量的衡量等方式，也对多期双重差分法实施的前提——平行趋势假设——进行了检验，保证了研究结论的一致性和稳定性。然而，多期双重差分法本身的理论研究仍在进行，目前回归结果展示的是平均意义上的结果，如何看待这一结果？不同的处理组或者控制组是否有必要按照一定的标准赋予权重？这些都是目前计量经济学理论正在讨论的话题，未来，针对多期双重差分法的理论进一步完善后，我们可以观察不同权重分配下大学城建设产生的经济影响，从而完善相关研究。

附录 A 大学城建设与区域经济发展相关文件或报道

政策文件

文件来源	文件名称	文件时间	相关内容摘要
北京市发展和改革委员会	《北京市国民经济和社会发展第十一个五年计划发展纲要》	2006	……深化高校教育体制改革，加快高校布局调整，搞好沙河、良乡等高校园区建设，推动消费结构和产业结构不断升级……
北京市发展和改革委员会	《北京市昌平区国民经济和社会发展第十个五年计划纲要》	2010	……沙河高教园区和轻轨铁路规划基本确定，从全区资源优势和基础优势出发，很抓产业、产品的结构调整，使全区产业布局趋于优化……
江苏省政协科学技术厅	《对省政协十二届一次会议第0076号提案的答复》	2018	……以"创新一体化"为目标，积极推进"江苏硅谷"与南京仙林大学城，江宁大学城的创新合作与分工……为强化"江苏硅谷"产业发展提供支撑……
山东省人民政府办公厅	《山东省人民政府办公厅关于推进新时代山东高等教育高质量发展的若干意见》	2019	……优化高等学校布局结构，逐步建立与城市总体规划和产业结构布局相适应的高等教育空间布局，支持有条件的市加快大学城建设，推动高校集群发展。建立项目引导机制，引导高校围绕我省重大战略和"十强"产业需求……
福州市委、市政府	《坚持"3820"战略工程思想精髓加快建设现代化国际城市行动纲要》	2021	……加快打造全国一流大学城，推动建设中国东南（福建）科学城，促进产学研用深度融合……推动产业链与人才链、创新链精准对接融合……

续表

报道来源	报道标题	时间	相关内容摘要
辽宁省人民政府网站	本溪：医药大学城强力促进药都产学研一体化发展	2013	……医药大学城……形成专业链与产业链的有机对接……高等院校的入驻……对老工业基地城市转型和产业升级产生深远的影响……
温州市瓯海区政府网站	我区"大学城经济"发展特色工作考核得满分	2014	……大力发展"大学城经济"是贯彻落实市委十一届四次全会精神的重要举措，是有效转变经济发展方式与调整优化产业结构的强心剂……
廊坊市人民政府网站	立足产业发展，坚定职教之路	2014	时任廊坊市市委书记王晓东指出……大学城要坚定走职业教育这条道路，紧密结合产业发展……为京津冀产业协同发展提供支持……
贵州省人民政府网站	黔中大地崛起人才高地创新高地	2014	……花溪大学城，正引领贵州高等教育进入集群发展新模式，其带来的创新能力的提升，正成为产业结构调整，城市经济转型的重要轴心……
杭州市人民政府网站	下沙东部将起"第一高楼"	2015	……将开发区与大学城产业化，优化经济产业结构，校科技成果优势紧密结合，推动西青开发区经济发展的增长极……
天津市人民政府网站	西青区与10余所高校对接，打造特色"众创空间"	2016	……借助西青两市大学城位优势……提升西青区产业能级……
广东省人民政府网站	佛山市顺德区启动建设大学城卫星城	2016	……广佛两市将全力建设好，运营好大学城卫星城……加强新兴产业和高技术产业等领域的深度合作，共同参与全球要素配置、产业分工和竞争……

续表

报道来源	报道标题	时间	相关内容摘要
西安市人民政府网站	2017年西安市政府工作报告	2017	……加快建设以大学城等区域为依托的科创大走廊……以聚焦产业升级、着力打造高端产业和产业高端……
四川省人民政府网站	廖文彬介绍目前宜宾大学城科和科创城的建设情况	2018	……时任宜宾市政府副市长廖文彬介绍,对产业发展支撑乏力的现状,市委市政府在市用型人才总量不足,第五次党代会上响亮提出实施科教兴市战略,加快建设大学城科技创新城……
新乡市人民政府网站	壮大中心城区助推郑新融合——《新乡市大东区空间发展协同规划》总体解读之四	2018	……通过大学城组团……促进新乡市大东区空间集聚和产城融合,维护良好生态环境,建立高效集约的空间利用模式……
长沙市人民政府网站	胡衡华:以更高水准深化优化大科城建设	2019	……时任长沙市委书记胡衡华指出,优化大学城科技创新、推动高等教育、科技创新、新兴产业协同发展。
济南市人民政府网站	2020年济南市政府工作报告	2020	……"加快长清大学城创新发展"作为"加快发展现代产业体系"的重要工作……
广东省人民政府网站	广州大学城有了新定位	2020	……在充分考虑大学城产学研整体发展的同时,重点关注产业建设发展及研究转化的需求……将广州大学城定位为粤港澳大湾区智创岛。

附录 B 大学城建设对人口密度影响完整回归结果

表 B-1 大学城建设对人口密度影响完整基准结果

变量	(1)	(2)
大学城	0.068***	0.068***
	(0.009)	(0.010)
年末总人口对数		−0.241**
		(0.097)
生产总值对数		0.031*
		(0.018)
第二产业占GDP比重		0.005***
		(0.001)
第三产业占GDP比重		0.008***
		(0.002)
当年实际使用外资金额对数		−0.002
		(0.003)
常数项	6.085***	6.545***
	(0.002)	(0.450)
城市固定效应	Yes	Yes
年份固定效应	Yes	Yes
样本量	4 742	4 742
R^2	0.984	0.985

注：(1) 括号内数值为标准误，具体通过城市层面的聚类得到。
(2) ***、**、* 分别表示在1%、5%、10%水平下显著。如无特殊说明，后表同。

表 B-2 大学城建设对人口密度影响稳健性检验与机制分析完整结果

变量	稳健性检验	机制分析	
	（1）	（2）	（3）
大学城	0.057***	24.175**	21.039*
	(0.008)	(10.727)	(11.703)
年末总人口对数	-0.387***		
	(0.090)		
生产总值对数	0.032**	-68.004***	-63.138***
	(0.016)	(10.488)	(10.501)
第二产业占 GDP 比重	0.004***	8.351***	7.876***
	(0.001)	(0.854)	(0.845)
第三产业占 GDP 比重	0.005***	7.022***	6.680***
	(0.001)	(0.959)	(0.946)
当年实际使用外资金额对数	0.001	13.112***	12.805***
	(0.003)	(1.996)	(2.008)
常数项	7.516***	261.370	233.413
	(0.403)	(165.824)	(165.962)
城市固定效应	Yes	Yes	Yes
年份固定效应	Yes	Yes	Yes
样本量	4 661	4 742	4 742
R^2	0.988	0.969	0.958

注：由于列（2）与列（3）的被解释变量是根据年末总人口生成的，所以不再对其进行控制。

表 B-3 大学城建设对人口密度影响城市维度异质性分析完整结果

变量	省会等城市样本 (1)	非省会等城市样本 (2)
大学城	0.010	0.066***
	(0.015)	(0.012)
年末总人口对数	-0.551***	0.095
	(0.135)	(0.103)
生产总值对数	0.067*	-0.031**
	(0.040)	(0.015)
第二产业占 GDP 比重	0.012**	0.004***
	(0.006)	(0.001)
第三产业占 GDP 比重	0.011*	0.006***
	(0.007)	(0.001)
当年实际使用外资金额对数	0.019**	-0.010***
	(0.008)	(0.003)
常数项	7.274***	5.660***
	(0.938)	(0.631)
城市固定效应	Yes	Yes
年份固定效应	Yes	Yes
样本量	1 146	3 596
R^2	0.969	0.958

表 B-4 大学城建设对人口密度影响大学城维度异质性分析完整结果

变量	含精英高校	不含精英高校	以4年制院校为主	以3年制院校为主	含 STEM 院校	不含 STEM 院校
	(1)	(2)	(3)	(4)	(5)	(6)
大学城	0.111***	0.053***	0.074***	0.032***	0.107***	0.046***
	(0.019)	(0.010)	(0.011)	(0.009)	(0.018)	(0.009)
年末总人口对数	-0.315***	-0.421***	-0.279***	-0.469***	-0.250***	-0.511***
	(0.097)	(0.090)	(0.098)	(0.089)	(0.097)	(0.089)
生产总值对数	0.032	0.041**	0.027	0.037**	0.037*	0.037*
	(0.021)	(0.017)	(0.020)	(0.018)	(0.019)	(0.019)
第二产业占 GDP 比重	0.006***	0.004***	0.005***	0.005***	0.004***	0.005***
	(0.002)	(0.001)	(0.002)	(0.001)	(0.002)	(0.001)
第三产业占 GDP 比重	0.008***	0.006***	0.008***	0.007***	0.007***	0.006***
	(0.002)	(0.001)	(0.002)	(0.001)	(0.002)	(0.001)
当年实际使用外资金额对数	-0.002	0.003	-0.000	0.001	-0.002	0.003
	(0.003)	(0.003)	(0.003)	(0.003)	(0.003)	(0.003)
常数项	6.833***	7.480***	6.774***	7.786***	6.512***	7.934***
	(0.453)	(0.390)	(0.439)	(0.388)	(0.448)	(0.390)
城市固定效应	Yes	Yes	Yes	Yes	Yes	Yes
年份固定效应	Yes	Yes	Yes	Yes	Yes	Yes
样本量	1 948	2 794	1 976	2 766	1 926	2 816
R^2	0.984	0.988	0.984	0.989	0.984	0.989

注：由于列（2）与列（3）的被解释变量是根据年末总人口生成的，所以不再对其进行控制。

附录 C 大学城建设对技术创新影响完整回归结果

表 C-1 大学城建设对技术创新影响完整基准结果

变量	专利申请		专利授权	
	(1)	(2)	(3)	(4)
大学城	0.163**	0.192***	0.171**	0.185**
	(0.078)	(0.071)	(0.080)	(0.074)
经济水平		−0.131		−0.225**
		(0.087)		(0.089)
政府规模		0.001		−0.004
		(0.015)		(0.014)
对外开放		0.321		0.169
		(0.291)		(0.308)
城市规模		0.056		0.046
		(0.041)		(0.040)
人口密度		0.580***		0.495***
		(0.088)		(0.085)
常数项	6.199***	0.192***	5.888***	−0.375
	(0.007)	(0.071)	(0.007)	(2.185)
城市固定效应	Yes	Yes	Yes	Yes
年份固定效应	Yes	Yes	Yes	Yes
样本量	4 742	4 742	4 742	4 742
R^2	0.950	0.953	0.952	0.954

注：（1）括号内数值为标准误，具体通过城市层面的聚类得到。

（2）***、**、* 分别表示在 1%、5%、10%水平下显著。如无特殊说明，后表同。

表 C-2　大学城建设对技术创新影响改变回归样本稳健性检验完整结果

变量	专利申请		专利授权	
	剔除北上广深	限制在相邻城市	剔除北上广深	限制在相邻城市
	(1)	(2)	(3)	(4)
大学城	0.167**	0.212**	0.162**	0.167*
	(0.077)	(0.093)	(0.081)	(0.091)
经济水平	-0.141	-0.175	-0.235**	-0.218*
	(0.092)	(0.123)	(0.093)	(0.121)
政府规模	0.002	0.007	-0.004	-0.019
	(0.015)	(0.020)	(0.014)	(0.019)
对外开放	0.291	0.707*	0.095	0.694**
	(0.335)	(0.361)	(0.344)	(0.335)
城市规模	0.058	0.109*	0.048	0.128**
	(0.041)	(0.059)	(0.040)	(0.060)
人口密度	0.584***	0.617***	0.504***	0.564***
	(0.091)	(0.120)	(0.088)	(0.119)
常数项	-2.920	-5.940**	-0.037	-4.953*
	(2.257)	(2.817)	(2.345)	(2.777)
城市固定效应	Yes	Yes	Yes	Yes
年份固定效应	Yes	Yes	Yes	Yes
样本量	4 661	2 511	4 661	2 511
R^2	0.950	0.959	0.950	0.957

表 C-3　大学城建设对技术创新影响其他稳健性检验完整结果

变量	控制省-年固定效应		更换城市创新水平测度方法	
	专利申请	专利授权	总得分	人均得分
	(1)	(2)	(3)	(4)
大学城	0.186***	0.180***	2.645**	2.919***
	(0.031)	(0.032)	(1.032)	(1.069)
经济水平	-0.097**	-0.197***	0.894	1.904
	(0.047)	(0.049)	(1.522)	(1.416)
政府规模	0.010	0.003	0.964***	0.977***
	(0.008)	(0.008)	(0.269)	(0.275)
对外开放	0.181	0.054	8.073**	9.618***
	(0.132)	(0.129)	(3.927)	(3.465)
城市规模	0.030	0.024	1.848***	1.817***
	(0.020)	(0.020)	(0.695)	(0.659)
人口密度	0.491***	0.421***	10.617***	10.902***
	(0.053)	(0.053)	(1.743)	(1.612)
常数项	-77.499***	-61.725***	-173.395***	-197.213***
	(6.502)	(6.368)	(32.730)	(30.082)
省-年固定效应	Yes	Yes	No	No
城市固定效应	Yes	Yes	Yes	Yes
年份固定效应	Yes	Yes	Yes	Yes
样本量	4 742	4 742	4 645	4 645
R^2	0.954	0.955	0.870	0.914

注：列（1）与列（2）括号内数值为异方差稳健的标准误，列（3）与列（4）括号内数值为城市层面聚类的标准误。

表 C-4　大学城建设对技术创新影响机制分析

	(1)	(2)	(3)
Panel A：加大资源投入机制			
变量	财政科技支出	专利申请	专利授权
大学城	0.183***	-0.121*	-0.146**
	(0.070)	(0.066)	(0.064)
财政科技支出		0.266***	0.245***
		(0.029)	(0.027)
经济水平	0.184	0.164	0.033
	(0.115)	(0.103)	(0.103)
政府规模	0.003	-0.000	-0.006
	(0.018)	(0.017)	(0.015)
对外开放	1.807***	0.520	0.523
	(0.273)	(0.367)	(0.339)
城市规模	0.029	0.081	0.036
	(0.070)	(0.052)	(0.042)
人口密度	0.810***	0.317***	0.246***
	(0.121)	(0.087)	(0.083)
常数项	-14.663***	-5.568**	-3.086
	(2.468)	(2.349)	(2.279)
Sobal 检验		0.628 ($Z=25.57$, $P=0.00$)	0.638 ($Z=25.58$, $P=0.00$)
样本量	3 189	3 189	3 189
R^2	0.948	0.967	0.967
Panel B：吸引企业入驻机制			
变量	新建企业	专利申请	专利授权
大学城	0.113**	0.182**	0.174**
	(0.057)	(0.081)	(0.084)
新建企业		0.021**	0.032***
		(0.010)	(0.009)

续表

	(1)	(2)	(3)
Panel B：吸引企业入驻机制			
变量	新建企业	专利申请	专利授权
经济水平	-0.095	-0.134	-0.222**
	(0.082)	(0.088)	(0.089)
政府规模	0.017	0.002	-0.004
	(0.016)	(0.015)	(0.014)
对外开放	0.237	0.331	0.177
	(0.179)	(0.293)	(0.309)
城市规模	0.030	0.058	0.048
	(0.042)	(0.042)	(0.041)
人口密度	0.107	0.565***	0.480***
	(0.090)	(0.088)	(0.085)
常数项	1.180	-3.046	-0.414
	(1.459)	(2.100)	(2.205)
Sobal 检验		0.281 ($Z=17.93$, $P=0.00$)	0.288 ($Z=18$, $P=0.00$)
样本量	4 645	4 645	4 645
R^2	0.311	0.950	0.951
Panel C：增加人才供给机制			
变量	第三产业从业人数	专利申请	专利授权
大学城	0.189***	0.149**	0.133*
	(0.032)	(0.072)	(0.076)
第三产业从业人数		0.232***	0.265***
		(0.076)	(0.084)
经济水平	-0.003	-0.129	-0.220**
	(0.032)	(0.087)	(0.088)
政府规模	-0.005	0.002	-0.001
	(0.005)	(0.015)	(0.014)

续表

	(1)	(2)	(3)
Panel C: 增加人才供给机制			
变量	第三产业从业人数	专利申请	专利授权
对外开放	0.576***	0.164	-0.006
	(0.132)	(0.281)	(0.295)
城市规模	0.011	0.055	0.044
	(0.016)	(0.041)	(0.040)
人口密度	0.048	0.578***	0.490***
	(0.036)	(0.088)	(0.085)
常数项	-1.147	-2.794	-0.070
	(0.852)	(2.037)	(2.131)
Sobal 检验		0.281 ($Z=17.93$, $P=0.00$)	0.288 ($Z=18$, $P=0.00$)
样本量	4 668	4 668	4 668
R^2	0.952	0.953	0.954

表 C-5 大学城建设对技术创新影响城市特征异质性分析完整结果

变量	城市等级		城市区位		科教资源	
	(1)	(2)	(3)	(4)	(5)	(6)
	专利申请	专利授权	专利申请	专利授权	专利申请	专利授权
大学城	0.281**	0.295***	-0.014	-0.034	-0.167	-0.111
	(0.109)	(0.108)	(0.093)	(0.102)	(0.120)	(0.115)
城市等级交互项	-0.180	-0.223*				
	(0.128)	(0.135)				
城市区位交互项			0.350***	0.372***		
			(0.118)	(0.128)		
规模交互项					0.111***	0.088**
					(0.035)	(0.035)
经济水平	-0.133	-0.227**	-0.124	-0.218**	-0.199	-0.110
	(0.087)	(0.089)	(0.087)	(0.088)	(0.165)	(0.154)
政府规模	0.001	-0.004	0.005	0.000	-0.020	-0.038
	(0.015)	(0.014)	(0.015)	(0.014)	(0.040)	(0.040)
对外开放	0.317	0.164	0.321	0.169	-0.317	-0.320
	(0.289)	(0.305)	(0.288)	(0.304)	(0.390)	(0.328)
城市规模	0.050	0.038	0.054	0.044	-0.131	-0.116
	(0.041)	(0.040)	(0.041)	(0.040)	(0.083)	(0.074)
人口密度	0.582***	0.497***	0.585***	0.500***	0.452***	0.530***
	(0.087)	(0.084)	(0.087)	(0.084)	(0.124)	(0.128)
常数项	-3.012	-0.289	-3.233	-0.537	6.412*	4.905
	(2.074)	(2.174)	(2.060)	(2.163)	(3.303)	(2.966)
城市固定效应	Yes	Yes	Yes	Yes	Yes	Yes
年份固定效应	Yes	Yes	Yes	Yes	Yes	Yes
样本量	4 742	4 742	4 742	4 742	1 001	1 001
R^2	0.954	0.953	0.953	0.954	0.967	0.969

表 C-6　大学城对技术创新影响分位数回归完整结果

变量	专利申请			专利授权		
	(1)	(2)	(3)	(4)	(5)	(6)
	25%	50%	75%	25%	50%	75%
大学城	0.182***	0.196***	0.212***	0.217***	0.209***	0.200***
	(0.042)	(0.033)	(0.046)	(0.040)	(0.030)	(0.043)
经济水平	-0.402***	-0.394***	-0.386***	-0.325***	-0.306***	-0.286***
	(0.055)	(0.043)	(0.061)	(0.055)	(0.042)	(0.059)
政府规模	-0.027**	-0.031***	-0.034***	-0.015	-0.021**	-0.027**
	(0.011)	(0.008)	(0.012)	(0.011)	(0.009)	(0.012)
对外开放	0.201	0.031	-0.161	0.248	0.158	0.061
	(0.171)	(0.133)	(0.189)	(0.178)	(0.137)	(0.193)
城市规模	-0.123***	-0.180***	-0.245***	-0.071***	-0.123***	-0.179***
	(0.023)	(0.018)	(0.026)	(0.023)	(0.018)	(0.025)
人口密度	1.126***	1.170***	1.220***	1.115***	1.161***	1.211***
	(0.020)	(0.015)	(0.022)	(0.020)	(0.015)	(0.022)
城市固定效应	Yes	Yes	Yes	Yes	Yes	Yes
年份固定效应	Yes	Yes	Yes	Yes	Yes	Yes
样本量	4 742	4 742	4 742	4 742	4 742	4 742

表 C-7　大学城对技术创新影响大学城特征异质性分析完整结果

变量	是否包含精英大学		是否包含理工科院校		是否以 4 年制普通大学为主	
	(1)	(2)	(3)	(4)	(5)	(6)
	专利申请	专利授权	专利申请	专利授权	专利申请	专利授权
大学城	0.192**	0.152*	0.448*	0.407	0.165	0.159
	(0.080)	(0.080)	(0.233)	(0.265)	(0.110)	(0.107)
精英大学交互项	-0.020	0.112				
	(0.156)	(0.142)				
理工科院校交互项			-0.307	-0.251		
			(0.244)	(0.273)		
学制交互项					0.041	0.067
					(0.137)	(0.128)
经济水平	-0.224**	-0.132	-0.226**	-0.132	-0.224**	-0.130
	(0.089)	(0.087)	(0.088)	(0.087)	(0.089)	(0.087)
政府规模	-0.004	0.001	-0.004	0.001	-0.004	0.001
	(0.014)	(0.015)	(0.014)	(0.015)	(0.014)	(0.015)
对外开放	0.171	0.312	0.184	0.333	0.166	0.316
	(0.309)	(0.290)	(0.310)	(0.292)	(0.308)	(0.291)
城市规模	0.045	0.059	0.043	0.054	0.046	0.057
	(0.040)	(0.041)	(0.040)	(0.041)	(0.040)	(0.041)
人口密度	0.494***	0.583***	0.495***	0.580***	0.494***	0.579***
	(0.085)	(0.087)	(0.085)	(0.088)	(0.085)	(0.087)
常数项	-0.374	-3.091	-0.428	-3.124	-0.360	-3.056
	(2.186)	(2.072)	(2.191)	(2.080)	(2.182)	(2.075)
城市固定效应	Yes	Yes	Yes	Yes	Yes	Yes
年份固定效应	Yes	Yes	Yes	Yes	Yes	Yes
样本量	413	413	413	413	413	413
R^2	0.954	0.953	0.954	0.953	0.967	0.969

附录 D 大学城建设对就业规模影响完整回归结果

表 D-1 大学城建设对就业规模影响完整基准结果

变量	总体就业规模		服务业就业规模		制造业就业规模	
	(1)	(2)	(3)	(4)	(5)	(6)
大学城	20.669**	16.062*	11.826***	9.616**	8.842**	6.446
	(8.128)	(8.167)	(4.352)	(4.237)	(4.216)	(4.325)
经济水平		−15.214**		−9.358**		−5.856
		(7.259)		(3.699)		(4.708)
对外开放		−0.150		0.622		−0.773
		(0.952)		(0.513)		(0.514)
城市规模		103.731**		45.694**		58.037*
		(50.630)		(22.401)		(30.130)
第二产业规模		−4.236		−1.452		−2.784
		(2.786)		(1.408)		(1.723)
第三产业规模		4.485*		1.287		3.198**
		(2.358)		(1.077)		(1.539)
常数项	48.526***	−433.326	25.046***	−171.052	23.480***	−262.273
	(1.227)	(315.547)	(0.657)	(134.887)	(0.636)	(192.335)
城市固定效应	Yes	Yes	Yes	Yes	Yes	Yes
年份固定效应	Yes	Yes	Yes	Yes	Yes	Yes
样本量	4 034	4 034	4 034	4 034	4 034	4 034
R^2	0.872	0.878	0.888	0.892	0.812	0.822

注：(1) 括号内数值为标准误，具体通过城市层面的聚类得到。
(2) ***、**、* 分别表示在 1%、5%、10% 水平下显著。如无特殊说明，后表同。

表 D-2　大学城建设对就业规模影响改变回归样本稳健性检验完整结果

变量	总体就业规模		服务业就业规模		制造业就业规模	
	剔除北上广深	限制在相邻城市	剔除北上广深	限制在相邻城市	剔除北上广深	限制在相邻城市
	(1)	(2)	(3)	(4)	(5)	(6)
大学城	17.352**	23.574*	8.938**	13.643*	8.414**	9.931
	(7.893)	(13.054)	(4.100)	(6.925)	(4.034)	(6.777)
经济水平	−13.188**	−14.306	−5.181**	−11.136**	−8.007**	−3.170
	(5.235)	(10.618)	(2.086)	(5.473)	(3.653)	(6.949)
对外开放	0.005	−1.045	0.534	0.580	−0.529	−1.625**
	(0.882)	(1.407)	(0.475)	(0.700)	(0.467)	(0.816)
城市规模	58.673*	87.704	27.448	32.080	31.224**	55.624
	(30.072)	(62.579)	(17.088)	(24.749)	(15.842)	(38.417)
第二产业规模	−1.880	−7.415*	−0.063	−2.695	−1.817	−4.719*
	(1.988)	(4.106)	(0.985)	(1.881)	(1.310)	(2.680)
第三产业规模	3.209*	6.905*	0.568	1.961	2.641**	4.945*
	(1.817)	(3.702)	(0.826)	(1.498)	(1.281)	(2.535)
常数项	−198.619	−333.634	−105.568	−72.399	−93.051	−261.235
	(174.385)	(409.747)	(98.818)	(159.897)	(92.155)	(254.304)
城市固定效应	Yes	Yes	Yes	Yes	Yes	Yes
年份固定效应	Yes	Yes	Yes	Yes	Yes	Yes
样本量	3 980	2 659	3 980	2 659	3 980	2 659
R^2	0.794	0.889	0.768	0.914	0.783	0.809

表 D-3　大学城建设对就业规模影响控制省-年固定效应稳健性检验完整结果

变量	总体就业规模 (1)	服务业就业规模 (2)	制造业就业规模 (3)
大学城	10.329***	4.685***	5.644***
	(2.375)	(1.416)	(1.329)
经济水平	−5.530	−3.486	−2.045
	(6.410)	(2.167)	(5.023)
对外开放	0.760*	0.750***	0.010
	(0.417)	(0.254)	(0.222)
城市规模	118.965***	56.696***	62.269***
	(23.177)	(13.228)	(11.531)
第二产业规模	−0.675	−0.130	−0.545
	(2.169)	(1.122)	(1.410)
第三产业规模	0.085	0.133	−0.048
	(1.509)	(0.939)	(0.785)
常数项	−615.463***	−291.209***	−324.254***
	(147.583)	(76.855)	(84.743)
省-年固定效应	Yes	Yes	Yes
城市固定效应	Yes	Yes	Yes
年份固定效应	Yes	Yes	Yes
样本量	4 034	4 034	4 034
R^2	0.876	0.841	0.864

注：列（1）与列（2）括号内数值为异方差稳健的标准误，列（3）与列（4）括号内数值为城市层面聚类的标准误。

表 D-4　大学城建设对就业规模影响更换被解释变量稳健性检验完整结果

变量	总体就业规模对数 (1)	服务业就业规模对数 (2)	制造业就业规模对数 (3)
大学城	0.057*	0.061**	0.032
	(0.032)	(0.025)	(0.050)
经济水平	0.012	-0.060	0.085
	(0.055)	(0.040)	(0.086)
对外开放	-0.013**	-0.008	-0.013
	(0.007)	(0.005)	(0.010)
城市规模	0.849***	0.747***	1.048***
	(0.205)	(0.137)	(0.298)
第二产业规模	0.045**	0.014	0.143***
	(0.020)	(0.015)	(0.035)
第三产业规模	-0.013	0.000	-0.086***
	(0.017)	(0.014)	(0.031)
常数项	-1.658	-1.030	-4.447**
	(1.273)	(0.901)	(1.889)
城市固定效应	Yes	Yes	Yes
年份固定效应	Yes	Yes	Yes
样本量	4 034	4 034	4 034
R^2	0.954	0.967	0.930

表 D-5 大学城建设对就业规模影响城市等级异质性分析完整结果

变量	总体就业规模 (1)	服务业就业规模 (2)	制造业就业规模 (3)
大学城	0.024	-3.062**	3.086
	(4.315)	(1.513)	(3.592)
城市等级交互项	29.446*	23.382***	6.064
	(15.518)	(8.097)	(8.535)
经济水平	-14.098**	-8.458**	-5.640
	(6.931)	(3.340)	(4.619)
对外开放	-0.023	0.712	-0.735
	(0.961)	(0.513)	(0.525)
城市规模	100.770**	43.344*	57.427*
	(50.852)	(22.409)	(30.273)
第二产业规模	-4.430	-1.604	-2.826
	(2.783)	(1.390)	(1.728)
第三产业规模	4.589*	1.358	3.231**
	(2.379)	(1.071)	(1.550)
常数项	-426.543	-165.606	-260.937
	(315.179)	(134.414)	(192.141)
城市固定效应	Yes	Yes	Yes
年份固定效应	Yes	Yes	Yes
样本量	4 034	4 034	4 034
R^2	0.879	0.893	0.822

表 D-6 大学城对就业规模影响城市区位异质性分析完整结果

变量	总体就业规模 (1)	服务业就业规模 (2)	制造业就业规模 (3)
大学城	10.837 (11.786)	7.375 (6.172)	3.462 (5.769)
城市区位交互项	14.099 (15.077)	6.049 (8.598)	8.050 (8.633)
经济水平	-14.498** (7.316)	6.049 (8.598)	-5.464 (4.713)
对外开放	-0.037 (0.906)	-9.033** (3.645)	-0.707 (0.493)
城市规模	104.491** (50.539)	0.671 (0.494)	58.434* (30.094)
第二产业规模	-4.021 (2.705)	46.057** (22.359)	-2.665 (1.676)
第三产业规模	4.242* (2.296)	-1.356 (1.359)	3.063** (1.500)
常数项	-445.508 (314.747)	1.180 (1.049)	-268.863 (192.307)
城市固定效应	Yes	Yes	Yes
年份固定效应	Yes	Yes	Yes
样本量	481	481	481
R^2	0.894	0.918	0.801

表 D-7 大学城内是否包含精英大学对就业规模影响异质性分析完整结果

变量	总体就业规模 (1)	服务业就业规模 (2)	制造业就业规模 (3)
大学城	-23.979 (16.262)	-12.048 (8.700)	-11.931 (8.579)
精英大学交互项	62.299 (71.589)	39.737 (35.736)	22.563 (37.627)
经济水平	-31.750 (35.499)	-15.276 (17.327)	-16.474 (21.278)
对外开放	4.270 (10.480)	8.263 (5.967)	-3.994 (5.611)
城市规模	278.484*** (62.181)	91.678*** (30.036)	186.806*** (36.947)
第二产业规模	-28.895 (54.792)	-32.892 (35.073)	3.998 (25.061)
第三产业规模	-7.542 (68.681)	-30.773 (44.655)	23.231 (43.444)
常数项	-1124.749 (829.910)	-19.304 (544.503)	-1105.445*** (380.922)
城市固定效应	Yes	Yes	Yes
年份固定效应	Yes	Yes	Yes
样本量	481	481	481
R^2	0.894	0.918	0.801

表 D-8　大学城内是否包含理工科院校对就业规模影响异质性分析完整结果

变量	总体就业规模 （1）	服务业就业规模 （2）	制造业就业规模 （3）
大学城	-21.864 (13.366)	-14.910* (7.901)	-6.953 (7.543)
理工科院校交互项	13.658 (17.095)	14.477 (9.244)	-0.819 (10.030)
经济水平	-28.250 (36.518)	-12.122 (18.013)	-16.128 (21.730)
对外开放	3.927 (11.976)	7.827 (6.776)	-3.899 (6.119)
城市规模	271.281*** (65.037)	86.462** (31.635)	184.819*** (37.919)
第二产业规模	-35.926 (50.637)	-38.029 (32.450)	2.103 (24.010)
第三产业规模	-25.230 (57.430)	-42.149 (38.974)	16.919 (40.758)
常数项	-919.368 (734.259)	115.398 (489.764)	-1034.765*** (356.621)
城市固定效应	Yes	Yes	Yes
年份固定效应	Yes	Yes	Yes
样本量	481	481	481
R^2	0.892	0.916	0.799

表 D-9 大学城是否以 4 年制普通大学为主对就业规模影响异质性分析完整结果

变量	总体就业规模 (1)	服务业就业规模 (2)	制造业就业规模 (3)
大学城	-36.775**	-18.127**	-18.648**
	(14.432)	(7.727)	(7.894)
普通大学交互项	81.802**	45.330**	36.472*
	(38.768)	(20.007)	(21.037)
经济水平	-14.888	-5.822	-9.066
	(33.126)	(16.240)	(20.666)
对外开放	3.022	7.587	-4.565
	(9.882)	(5.806)	(5.227)
城市规模	268.164***	85.480**	182.684***
	(71.004)	(34.502)	(40.678)
第二产业规模	-23.764	-30.509	6.744
	(47.920)	(30.353)	(23.542)
第三产业规模	-27.905	-43.519	15.614
	(55.687)	(38.139)	(40.600)
常数项	-1 083.705	19.896	-1 103.601***
	(740.985)	(482.659)	(365.064)
城市固定效应	Yes	Yes	Yes
年份固定效应	Yes	Yes	Yes
样本量	481	481	481
R^2	0.897	0.920	0.806

附录 E 大学城建设对就业结构影响完整回归结果

表 E-1 大学城建设对就业结构影响完整基准结果

变量	服务业就业份额		生产性服务业在服务业中占比	
	(1)	(2)	(3)	(4)
大学城	0.008 (0.012)	0.021* (0.011)	0.012** (0.005)	0.007* (0.004)
经济水平		-0.018 (0.013)		0.004 (0.006)
政府规模		0.005** (0.002)		-0.004*** (0.001)
对外开放		-0.028 (0.081)		0.024 (0.016)
城市规模		-0.011 (0.013)		-0.019*** (0.006)
人口密度		-0.101 (0.084)		0.009 (0.023)
常数项	0.550*** (0.002)	1.529*** (0.502)	0.248*** (0.001)	0.321* (0.190)
城市固定效应	Yes	Yes	Yes	Yes
年份固定效应	Yes	Yes	Yes	Yes
样本量	4 034	4 034	4 034	4 034
R^2	0.842	0.874	0.882	0.904

注：(1) 括号内数值为标准误，具体通过城市层面的聚类得到。
(2) ***、**、* 分别表示在1%、5%、10%水平上显著。如无特殊说明，后表同。

表 E-2　大学城建设对就业结构影响稳健性检验完整结果

变量	改变回归样本		控制省-年固定效应	
	(1)	(2)	(3)	(4)
大学城	0.021*	0.006*	0.021***	0.008***
	(0.012)	(0.003)	(0.001)	(0.001)
经济水平	-0.016	0.005	-0.020***	0.012***
	(0.014)	(0.006)	(0.003)	(0.002)
政府规模	0.005**	-0.004***	0.004***	-0.002***
	(0.002)	(0.001)	(0.000)	(0.000)
对外开放	-0.044	0.015	-0.021***	0.020***
	(0.087)	(0.016)	(0.007)	(0.005)
城市规模	-0.005	-0.016***	-0.000	-0.018***
	(0.013)	(0.006)	(0.002)	(0.002)
人口密度	-0.124	-0.004	-0.082***	0.014**
	(0.091)	(0.025)	(0.009)	(0.006)
常数项	1.663***	0.398*	8.908***	0.221***
	(0.602)	(0.205)	(0.350)	(0.049)
城市固定效应	Yes	Yes	Yes	Yes
年份固定效应	Yes	Yes	Yes	Yes
省-年固定效应	No	No	Yes	Yes
样本量	4 034	4 034	4 034	4 034
R^2	0.874	0.890	0.875	0.923

注：列（1）与列（2）括号内数值为异方差稳健的标准误，列（3）与列（4）括号内数值为城市层面聚类的标准误。

表 E-3 大学城建设对城市就业结构影响机制分析完整结果

变量	居民收入水平 (1)	服务业就业份额 (2)	居民消费水平 (3)	服务业就业份额 (4)
大学城	0.406***	0.014	1.161***	0.017
	(0.084)	(0.011)	(0.362)	(0.010)
居民收入水平		0.018**		
		(0.007)		
居民消费水平				0.001
				(0.001)
经济水平	0.113	-0.019	-0.258	0.000
	(0.115)	(0.014)	(0.377)	(0.013)
政府规模	-0.001	0.005**	-0.103**	0.005**
	(0.012)	(0.002)	(0.046)	(0.002)
对外开放	1.044***	-0.048	3.769***	-0.025
	(0.264)	(0.085)	(0.935)	(0.083)
城市规模	-0.077	-0.008	-1.123***	-0.006
	(0.096)	(0.013)	(0.393)	(0.013)
人口密度	0.328	-0.105	-3.627**	-0.050
	(0.340)	(0.088)	(1.461)	(0.084)
常数项	-5.005*	1.597***	28.578**	0.989**
	(2.758)	(0.511)	(11.852)	(0.422)
城市固定效应	Yes	Yes	Yes	Yes
年份固定效应	Yes	Yes	Yes	Yes
样本量	4 034	4 034	4 034	4 034
R^2	0.961	0.873	0.947	0.887

表 E-4 大学城建设对城市就业结构影响城市特征异质性分析完整结果

变量	城市等级异质性		城市区位异质性	
	服务业就业份额	生产性服务业在服务业中占比	服务业就业份额	生产性服务业在服务业中占比
	(1)	(2)	(3)	(4)
大学城	-0.005	0.001	0.027*	0.003
	(0.018)	(0.005)	(0.014)	(0.005)
城市等级交互项	0.046**	0.011		
	(0.021)	(0.007)		
城市区位交互项			-0.017	0.011
			(0.022)	(0.008)
经济水平	-0.017	0.004	-0.019	0.005
	(0.013)	(0.006)	(0.013)	(0.006)
政府规模	0.005**	-0.004***	0.005**	-0.004***
	(0.002)	(0.001)	(0.002)	(0.001)
对外开放	-0.033	0.022	-0.029	0.024
	(0.081)	(0.016)	(0.081)	(0.016)
城市规模	-0.011	-0.019***	-0.011	-0.018***
	(0.013)	(0.006)	(0.013)	(0.006)
人口密度	-0.106	0.008	-0.101	0.010
	(0.084)	(0.023)	(0.084)	(0.023)
常数项	1.585***	0.334*	1.554***	0.305
	(0.493)	(0.191)	(0.498)	(0.189)
城市固定效应	Yes	Yes	Yes	Yes
年份固定效应	Yes	Yes	Yes	Yes
样本量	4 034	4 034	4 034	4 034
R^2	0.874	0.905	0.862	0.905

表 E-5 大学城建设对城市就业结构影响大学城特征异质性分析完整结果

变量	是否包含精英大学		是否包含理工类大学		是否以4年制普通大学为主	
	服务业就业份额	生产性服务业在服务业中占比	服务业就业份额	生产性服务业在服务业中占比	服务业就业份额	生产性服务业在服务业中占比
	(1)	(2)	(3)	(4)	(5)	(6)
大学城	0.016 (0.013)	-0.004 (0.006)	0.029 (0.021)	-0.009 (0.008)	0.032** (0.014)	-0.005 (0.005)
精英大学交互项	0.022 (0.023)	-0.005 (0.010)				
理工类大学交互项			-0.008 (0.023)	0.004 (0.008)		
普通大学交互项					0.039* (0.021)	0.002 (0.009)
经济水平	-0.046** (0.018)	0.006 (0.012)	-0.045** (0.018)	0.006 (0.012)	-0.052*** (0.019)	0.006 (0.011)
政府规模	0.010 (0.007)	-0.004 (0.003)	0.010 (0.007)	-0.004 (0.003)	0.011 (0.007)	-0.004 (0.003)
对外开放	-0.182* (0.091)	0.032 (0.027)	-0.189** (0.087)	0.033 (0.029)	-0.201** (0.077)	0.034 (0.029)
城市规模	-0.002 (0.023)	-0.019** (0.009)	-0.001 (0.024)	-0.020** (0.010)	-0.002 (0.023)	-0.020** (0.009)
人口密度	0.257** (0.113)	-0.018 (0.038)	0.268** (0.119)	-0.021 (0.040)	0.278** (0.110)	-0.021 (0.041)
常数项	0.339 (0.840)	0.533* (0.290)	0.304 (0.882)	0.546* (0.300)	0.385 (0.845)	0.535* (0.294)
城市固定效应	Yes	Yes	Yes	Yes	Yes	Yes
年份固定效应	Yes	Yes	Yes	Yes	Yes	Yes
样本量	481	481	481	481	481	481
R^2	0.801	0.928	0.800	0.928	0.802	0.928

参考文献

[1]卞元超,吴利华,白俊红.高铁开通是否促进了城市创新?[J].金融研究,2019(06):132-149.

[2]蔡昉,都阳,王美艳.人口转变新阶段与人力资本形成特点[J].中国人口科学,2001(02):19-24.

[3]初帅.区位导向性政策如何影响本地就业:基于中国大学城建设的研究[J].中国经济问题,2023(03):137-150.

[4]初帅,曾湘泉,张哲元.高校集聚提升了城市创新水平吗:大学城建设的经验研究[J].财经科学,2022(04):106-117.

[5]初帅.高等教育集聚是否提升了地方人口密度:来自中国"大学城"建设的证据[J].南方人口,2021,36(06):55,56-65.

[6]初帅,孟凡强.高校扩招与教育回报率的城乡差异:基于断点回归的设计[J].南方经济,2017(10):16-35.

[7]初帅.高等教育发展与人口城镇化:来自中国高校扩招的证据[J].中国人口科学,2016(04):105-112,128.

[8]顾明远.教育大辞典:2卷[M].上海:上海教育出版社,1991:71.

[9]韩峰,李玉双.产业集聚、公共服务供给与城市规模扩张[J].经济研究,2019,54(11):149-164.

[10]何小钢,罗奇,陈锦玲.高质量人力资本与中国城市产业结构升级:来自"高校扩招"的证据[J].经济评论,2020(04):3-19.

[11]胡娟娟.建国后高等教育学习苏联模式的回顾和历史教训[J].改革与开放,2009,4(12):192,194.

[12]花小丽,陈丽,张小林.大学城建设对南京城市功能的促动研究:以仙林大学城为例[J].经济问题探索,2005(10):83-87.

[13]黄群慧,贺俊,杨超.人才争夺劣势状态下二线城市人才政策调整研究[J].产业经济评论,2019(01):5-16.

[14] 简新华,黄锟. 中国农民工最新生存状况研究:基于765名农民工调查数据的分析[J]. 人口研究,2007(06):37-44.

[15] 黎文靖,彭远怀,谭有超. 知识产权司法保护与企业创新:兼论中国企业创新结构的变迁[J]. 经济研究,2021,56(05):144-161.

[16] 李春玲. 高等教育扩张与教育机会不平等:高校扩招的平等化效应考查[J]. 社会学研究,2010(03):82-113.

[17] 李东凯. 对土地违法决不手软:国土资源部执法监察局负责人谈查处龙子湖高校园区非法占地案[J]. 河南国土资源,2006(10):7-8.

[18] 李海峥,贾娜,张晓蓓,等. 中国人力资本的区域分布及发展动态[J]. 经济研究,2013,48(07):49-62.

[19] 李政,杨思莹. 创新型城市试点提升城市创新水平了吗?[J]. 经济学动态,2019(08):70-85.

[20] 林毅夫. 新结构经济学的理论基础和发展方向[J]. 经济评论,2017(03):4-16.

[21] 陆铭. 城市、区域和国家发展:空间政治经济学的现在与未来[J]. 经济学(季刊),2017,16(04):1499-1532.

[22] 毛文峰,陆军. 土地要素错配如何影响中国的城市创新创业质量:来自地级市城市层面的经验证据[J]. 产业经济研究,2020(03):17-29,126.

[23] 潘懋元,高新发,胡赤弟,等. 大学城的功能与模式[J]. 高等教育研究,2002(02):36-41.

[24] 皮耐安. 我国大学城兴起的原因与发展建议[J]. 教育发展研究,2002(02):16-19.

[25] 邵朝对,苏丹妮,包群. 中国式分权下撤县设区的增长绩效评估[J]. 世界经济,2018,41(10):101-125.

[26] 宋弘,陆毅. 如何有效增加理工科领域人才供给?:来自拔尖学生培养计划的实证研究[J]. 经济研究,2020,55(02):52-67.

[27] 孙伟增. 中国开发区空间选址及对城市发展影响的经济机制研究[D]. 北京:清华大学,2016.

[28] 孙伟增,吴建峰,郑思齐. 区位导向性产业政策的消费带动效应:以开发区政策为例的实证研究[J]. 中国社会科学,2018(12):48-68,200.

[29] 王开泳,邓羽. 新型城镇化能否突破"胡焕庸线":兼论"胡焕庸线"的地理学内涵[J]. 地理研究,2016,35(05):825-835

[30] 温忠麟,叶宝娟. 中介效应分析:方法和模型发展[J]. 心理科学进展,2014,22(05):731-745.

[31] 吴东照,王运来. 产教融合背景下科教资源低丰度地区高等教育园区建设的策略研究[J]. 复旦教育论坛,2020,18(01):91-96.

[32] 吴要武,刘倩. 高校扩招对婚姻市场的影响:剩女?剩男?[J]. 经济学(季刊),2015,14(01):5-30.

[33] 习近平. 正确把握发展大势 加快福建经济发展[J]. 中共福建省委党校学报,2002(05):2-10.

[34] 肖挺. 中国城市交通基础设施建设对本地就业的影响[J]. 中国人口科学,2016(04):96-104,128.

[35] 袁志刚,高虹. 中国城市制造业就业对服务业就业的乘数效应[J]. 经济研究,2015,50(07):30-41.

[36] 曾湘泉. 变革中的就业环境与中国大学生就业[J]. 经济研究,2004(06):87-95.

[37] 张晓波,李钰,杨奇明. 工商大数据与中国"创新驱动发展"战略[J]. 中国工商管理研究,2015(06):34-37.

[38] 郑思齐,宋志达,孙伟增,等. 区位导向性政策与高质量就业:基于中国开发区设立的实证研究[J]. 华东师范大学学报(哲学社会科学版),2020,52(05):157-171,188.

[39] 周扬,谢宇. 从大学到精英大学:高等教育扩张下的异质性收入回报与社会归类机制[J]. 教育研究,2020,41(05):86-98.

[40] 朱旭峰,张友浪. 创新与扩散:新型行政审批制度在中国城市的兴起[J]. 管理世界,2015(10):91-105,116.

[41] ADENDORFF A, DONALDSON R. Knowledge-based service industry in a south African university town: The case of Stellenbosch[J]. Development southern africa,2012,29(3):418-433.

[42] ARCHIBONG B, ANNAN F. Disease and gender gaps in human capital investment: Evidence from Niger's 1986 meningitis epidemic[J]. American economic review,2017,107(5):530-535.

[43] AUDRETSCH D B, FELDMAN M P. Knowledge spillovers and the

geography of innovation[M]//Handbook of regional and urban economics. New York:Elsevier,2004:2713-2739.

[44] BARON R M, KENNY D A. The moderator-mediator variable distinction in social psychological research:Conceptual,strategic,and statistical considerations[J]. Journal of personality and social psychology, 1986, 51(6):1173.

[45] BARTIK T J. Local economic development policies[R]. WE Upjohn Institute for Employment Research,2003.

[46] BEASON R, WEINSTEIN D E. Growth, economies of scale, and targeting in Japan(1955—1990)[J]. The review of economics and statistics, 1996:286-295.

[47] BECK T,LEVINE R,LEVKOV A. Big bad banks? The winners and losers from bank deregulation in the United States[J]. The journal of finance, 2010,65(5):1637-1667.

[48] BEGG I. High technology location and the urban areas of Great Britain:Developments in the 1980s[J]. Urban studies,1991,28(6):961-981.

[49] BELENZON S, SCHANKERMAN M. Spreading the word: Geography,policy,and knowledge spillovers[J]. Review of economics and statistics,2013,95(3):884-903.

[50] BLOOM J L, ASANO S. Tsukuba science city:Japan tries planned innovation[J]. Science,1981,212(4500),1239-1247.

[51] BONACCORSI A, DARAIO C. Exploring size and agglomeration effects on public research productivity[J]. Scientometrics, 2005, 63(1): 87-120.

[52] BONANDER C, JAKOBSSON N, PODESTÀ F. Universities as engines for regional growth? Using the synthetic control method to analyze the effects of research universities[J]. Regional science and urban economics, 2016(60):198-207.

[53] BUSSO M, GREGORY J, KLINE P. Assessing the incidence and efficiency of a prominent place-based policy[J]. American economic review, 2013,103(2):897-947.

[54] BUSSO M, KLINE P. Do local economic development programs

work? evidence from the federal empowerment zone program[D]. New Haven, CT: Yale University, Department of Economics, 2008.

[55] CAI Y, LIU C. The roles of universities in fostering knowledge-intensive clusters in Chinese regional innovation systems[J]. Science and public policy, 2015, 42(1): 15-29.

[56] CARLINO G, KERR W R. Agglomeration and innovation[J]. Handbook of regional and urban economics, 2015(5): 349-404.

[57] CERMEÑO A L. Do universities generate spatial spillovers? Evidence from US counties between 1930 and 2010[J]. Journal of economic geography, 2019, 19(6): 1173-1210.

[58] CHU S, KUROKI M, LIU X. Do research universities boost regional economic development?: A case study of university of science and technology of China[J]. Applied economics, 2022: 1-20.

[59] CHU S, WU M. Does the geographic clustering of universities promote their scientific research performance? Evidence from China[R]. GLO Discussion Paper, 2021.

[60] CRANE R, MANVILLE M. People or place? Revisiting the who versus the where of urban development[J]. Land Lines, 2008, 20(3): 2-7.

[61] CRISCUOLO C, MARTIN R, OVERMAN H G. Some causal effects of an industrial policy[J]. American economic review, 2019, 109(1): 48-85.

[62] DRUCKER J, GOLDSTEIN H. Assessing the regional economic development impacts of universities: A review of current approaches[J]. International regional science review, 2007, 30(1): 20-46.

[63] DURANTON G, PUGA D. Micro-foundations of urban agglomeration economies[M]//Handbook of regional and urban economics. New York: Elsevier, 2004: 2063-2117.

[64] DURANTON G, VENABLES A J. Place-based policy for development[R]. National bureau of economic research, 2018.

[65] DURANTON G. California dream: The feeble case for cluster policies[J]. Review of economic analysis, 2011, 3(1): 3-45.

[66] ELVERY J A. The impact of enterprise zones on resident employment: An evaluation of the enterprise zone programs of California and

Florida[J]. Economic development quarterly,2009,23(1):44-59.

[67] FELDMAN M, DESROCHERS P. Research universities and local economic development: Lessons from the history of the Johns Hopkins University[J]. Industry and innovation,2003,10(1):5-24.

[68] FREEDMAN M. Targeted business incentives and local labor markets[J]. Journal of human resources,2013,48(2):311-344.

[69] GARCIA-ALVAREZ-COQUE J M, MAS-VERDÚ F, ROIG-TIERNO N. Life below excellence: Exploring the links between top-ranked universities and regional competitiveness[J]. Studies in higher education, 2021,46(2):369-384.

[70] GIVORD P, RATHELOT R, SILLARD P. Place-based tax exemptions and displacement effects: An evaluation of the zones franches urbaines program[J]. Regional science and urban economics,2013,43(1): 151-163.

[71] GLAESER E L, GOTTLIEB J D. The economics of place-making policies[J]. Brookings papers on economic activity,2008:155-239.

[72] GLAESER E L, GOTTLIEB J D. The wealth of cities: Agglomeration economies and spatial equilibrium in the United States[J]. Journal of economic literature,2009,47(4):983-1028.

[73] GLAESER E L. The economics approach to cities[R]. National bureau of economic research,2007.

[74] GOBILLON L, SELOD H, ZENOU Y. The mechanisms of spatial mismatch[J]. Urban studies,2007,44(12):2401-2427.

[75] GODDARD J B, CHATTERTON P. The response of universities to regional needs[R]. Economic geography of higher education: Knowledge infrastructure and learning region,2003.

[76] GOLDSTEIN H, RENAULT C. Contributions of universities to regional economic development: A quasi-experimental approach[J]. Regional studies,2004,38(7):733-746.

[77] GUMPRECHT B. The American college town[J]. Geographical review,2003,93(1):51-80.

[78] HAM J C, SWENSON C, IMROHOROĞLU A. Government programs

can improve local labor markets: Evidence from state enterprise zones, federal empowerment zones and federal enterprise community[J]. Journal of public economics,2011,95(7-8):779-797.

[79]HANLON W W, MISCIO A. Agglomeration: A long-run panel data approach[J]. Journal of urban economics,2017,99:1-14.

[80] HANSON A, ROHLIN S. Do spatially targeted redevelopment programs spillover? [J]. Regional science and urban economics, 2013, 43(1):86-100.

[81]HANSON A. Local employment, poverty, and property value effects of geographically-targeted tax incentives: An instrumental variables approach [J]. Regional science and urban economics,2009,39(6):721-731.

[82] HARRISON J, TUROK I. Universities, knowledge and regional development[J]. Regional studies,2017,51(7):977-981.

[83] HELLERSTEIN J K, MCINERNEY M, NEUMARK D. Neighbors and coworkers: The importance of residential labor market networks[J]. Journal of labor economics,2011,29(4):659-695.

[84]HELSLEY R W, STRANGE W C. Innovation and input sharing[J]. Journal of urban economics,2002,51(1):25-45.

[85] HENDERSON R A. The employment performance of established manufacturing industry in the scottish new towns[J]. Urban studies,1984,21(3):295-315.

[86] JIA R, LI H. Just above the exam cutoff score: Elite college admission and wages in China [J]. Journal of public economics, 2021(196):104371.

[87]JIN H, QIAN Y, WEINGAST B R. Regional decentralization and fiscal incentives: Federalism, Chinese style[J]. Journal of public economics, 2005,89(9-10):1719-1742.

[88] JOHNSTON R. Effects of resource concentration on research performance[J]. Higher education,1994,28(1):25-37.

[89] KLINE P. Place-based policies, heterogeneity, and agglomeration [J]. American economic review,2010,100(2):383-387.

[90]KONGSAMUT P, REBELO S, XIE D. Beyond balanced growth[J].

The review of economic studies, 2001, 68(4): 869-882.

[91] LAFER G. Land and labor in the post-industrial university town: Remaking social geography[J]. Political geography, 2003, 22(1): 89-117.

[92] LI Z, LI X, WANG L. Speculative urbanism and the making of university towns in China: A case of Guangzhou university town[J]. Habitat international, 2014, 44: 422-431.

[93] LU Y, WANG J, ZHU L. Place-based policies, creation, and agglomeration economies: Evidence from China's economic zone program[J]. American economic journal: economic policy, 2019, 11(3): 325-360.

[94] MAROZAU R, GUERRERO M, URBANO D. Impacts of universities in different stages of economic development[J]. Journal of the knowledge economy, 2021, 12(1): 1-21.

[95] MARSHALL A. Principles of economics[M]. 8th ed. London: Macmillan, 1890.

[96] MATOUSCHEK N, ROBERT-NICOUD F. The role of human capital investments in the location decision of firms[J]. Regional science and urban economics, 2005, 35(5): 570-583.

[97] MINER A S, EESLEY D T, DEVAUGHN M. The magic beanstalk vision: Commercializing university inventions and research[R]. The entrepreneurship dynamic: Origins of entrepreneurship and the evolution of industries, 2001: 109-146.

[98] MONTGOMERY J D. Social networks and labor-market outcomes: Toward an economic analysis[J]. The American economic review, 1991, 81(5): 1408-1418.

[99] NEUMARK D, KOLKO J. Do enterprise zones create jobs? Evidence from California's enterprise zone program[J]. Journal of urban economics, 2010, 68(1): 1-19.

[100] NEUMARK D, SIMPSON H. Place-based policies[M]//Handbook of regional and urban economics. New York: Elsevier, 2015: 1197-1287.

[101] NGAI L R, PISSARIDES C A. Structural change in a multisector model of growth[J]. American economic review, 2007, 97(1): 429-443.

[102] QIAN Y, ROLAND G. Federalism and the soft budget constraint

[J]. American economic review,1998:1143-1162.

[103] ROTHAERMEL F T, AGUNG S D, JIANG L. University entrepreneurship:a taxonomy of the literature[J]. Industrial and corporate change,2007,16(4):691-791.

[104] SCHUMPETER,J A. Business cycles[M]. New York:McGraw-Hill,1939.

[105] SCHWEIGER H, STEPANOV A, ZACCHIA P. The long-run effects of R&D place-based policies:Evidence from Russian science cities[J]. American economic journal:economic policy.

[106] SERAFINELLI M. "Good" firms, worker flows, and local productivity[J]. Journal of labor economics,2019,37(3):747-792.

[107] SUM C Y. A great leap of faith:Limits to China's university cities[J]. Urban studies,2018,55(7):1460-1476.

[108] TOPA G, ZENOU Y. Neighborhood and network effects[M]// Handbook of regional and urban economics. New York:Elsevier,2015:561-624.

[109] WANG J. The economic impact of special economic zones:Evidence from Chinese municipalities[J]. Journal of development economics,2013(101):133-147.

[110] WANG Y,TANG W. Universities and the formation of edge cities:Evidence from China's government-led university town construction[R]. Papers in Regional Science,2020,99(1):245-265.

[111] WEBER L M B. Science education in a university town[J]. Science,2001,294(5542):520.

[112] WINTERS J V. Foreign and native-born STEM graduates and innovation intensity in the United States[R]. Institute of labor economics (IZA),2014.

[113] WORLD BANK. Benchmarking countries in the knowledge economy:presentation of the knowledge assessment methodology (KAM) for development program [R]. Washington, DC:The World Bank Institute. Accessed 25,2004.

[114] XIAO W,WEI Y D,LI H. Spatial inequality of job accessibility in Shanghai:a geographical skills mismatch perspective[J]. Habitat international,

2021(115):102401.

[115] XU C. The fundamental institutions of china's reforms and development[J]. Journal of economic literature,2011,49(4):1076-1151.

[116] YOUTIE J,SHAPIRA P. Building an innovation hub:A case study of the transformation of university roles in regional technological and economic development[J]. Research policy,2008,37(8):1188-1204.

[117] ZHENG S, LI Z. Pilot governance and the rise of China's innovation[J]. China economic review,2020,63:101521.

[118] ZHENG S, SUN W, WU J. The birth of edge cities in China: Measuring the effects of industrial parks policy[J]. Journal of urban economics, 2017(100):80-103.